코로나19 이후

지속가능한 소비와 광고

한국광고학회 편

강한나 · 김현진 · 민병운 · 박한나 · 서영택 · 유창조
이정규 · 이희복 · 조재영 · 최태랑

정독
DEEP READING

코로나19 이후

지속가능한 소비와 광고

머리말

기업과 이해관계자는 무분별한 플라스틱의 남용, 기후변화, 하이드로 프랙킹(hydro-fracking), 원유 매장량의 고갈, 산림 면적 감소, 신제품 개발 시 동물 사용 등과 같은 문제의 대한 지속가능성의 대안을 찾아야 한다. 기업의 환경자원의 사용에 대한 비용이 지속적으로 증가하고 있지만, 소비자를 포함한 이해관계자는 끊임없이 기업에게 환경적 책임의 부담을 가중시키고 있다.

소비자를 포함한 이해관계자는 마케팅과 광고를 통해 제품의 가치를 창출하는 기업에게 자원을 보다 신중하게 사용하도록 강요하고 있으며, 사회적 책임을 다하기 위한 대안 만들어 내도록 강요하고 있다. 예를 들면 기업이 인쇄와 우편 발송과 같은 광고와 마케팅을 계획하고 집행할 때, 꼭 받아야 하는 소비자에게만 발송하도록 최적화시켜야 한다는 것이다. 이는 Kumar & Christodoulopoulou(2014)가 '지속가능성(sustainability)'은 이제 기업의 마케팅 노력의 효율성을 향상시킬 뿐만 아니라 귀중한 환경 및 인프라 자원의 낭비를 방지하는 기업이 핵심적 미션이라고 주장한 것과 같은 맥락이다. 따라서 지속가능성은 소비자를 포함한 이해관계자의 우려를 해소시킬 수 있어야 하며, 우리 사회의 생태계를 매우 취약하게 만드는 다양한 광고와 마케팅의 요구사항과 기업의 지속가능성이라는 도전을 동시에 충족시킬 수 있는 매우 귀중한 'tool kit'이 될 수 있다는 것이다.

환경문제에 대한 사회적 약속을 분명하고 확고하게 보여주는 다양한 기업 중에서 아웃도어 의류 및 장비회사는 파타고니아를 빼놓을 수 없다. 2011년 파타고니아는 소비자가 새옷을 구매하는 대신 가능한 많은 옷을 수선하고 재사용하도록 권고하는 "The Common Threads Initiative"를 시작했다. 2016년에도 대량생산과 유통을 통한 기존의 맥주회사가 맥주 효모가 토양을 오염시켜 환경을 파괴하고 있다는 사실에, 야생 곡식 'Kernza'를 사용하여 자사의 식품 라인인 파타고니아 프로비전의 메뉴에 환경을 파괴하지 않는 상업용 맥주를 생산하고 있다(Beer 2018). 그 밖에 환경문제에 사회적 약속을 한 회사로는 무독성 가정용 세정제를 판매하는 'Method Products,' 일반적으로 재활용이 불가능한 품목을 관리하는 기업 'TerraCyclc,' 그리고 100% 탄소 중성인 온라인 아이웨어 회사인 'Warby Parker' 등이 있다. 한국의 SK주시회사는 성장과 효율을 중요시하던 기존의 방식을 과감히 탈피하여 ESG를 테마로 한 첨단소재, Bio, Green, Digital 등의 핵심영역 중심으로 사업 포트폴리오를 새롭게 재편해 시장의 지지를 얻고 있다. 2020년은 분명히 다른 해였고, 올해는 다시는 old normal로 돌아갈 수 없다는 사실을 분명하게 학습한 해이며, 많은 기업들과 이해관계자는 지속가능성에 대한 힘든 시험을 치르고 있다. 최근의 요소수 문제를 포함하여 코로나-19에 더해 유가, 글로벌 지정학 이슈 등, 우리 대한민국은 이중 삼중고를 헤쳐 나아가야 할 것이다.

여기서 한국광고학회는 지속가능성에 관하여 다음 두 가지의 질문을 우리의 기업과 소비자를 포함한 이해관계자에게 묻고 싶다. 첫째, 기업과 이해관계자가 환경과 같은 지속가능성의 과제를 극복하면서 코로나-19와 같은 변혁적 환경에 적응할 수 있는 전략과 기술은 무엇인가? 둘째, 환경과 같은 지속가능성의 문제를 극복하기 위해 창출할 수 있는 마케팅 커뮤니케이션전략은 무엇인가?

한국광고학회 회장 안대천

차 례

P/A/R/T 01 지속가능성과 지속가능한 소비의 개념과 정의

P/A/R/T

02 지속가능한 소비의 유형 분류

Chapter 3 지속가능한 소비와 지속가능한 트렌드

Chapter 4 ESG 광고·마케팅 사례를 중심으로(지속가능한 소비와 광고 유형 분류)

P/A/R/T

03 지속가능한 소비의 선행요인 및 제약 요인

P/A/R/T

04 지속가능한 소비와 지속가능한 브랜드

P/A/R/T

05 지속가능한 소비와 관련한 캠페인 사례분석

Chapter 7 다양한 공중 참여에 기반한 지속가능한 소비 캠페인 해외 사례

Chapter 8 지속가능한 소비와 광고 캠페인 사례분석

P/A/R/T

06 지속가능한 소비를 위한 윤리적 및 법적 규제 등

Chapter 9 지속가능한 소비/윤리적 소비와 광고

Chapter 10 지속가능한 소비를 위한 광고의 법적·윤리적 정책

P A R T

01

지속가능성과 지속가능한 소비의 개념과 정의

Chapter 01

지속가능한 소비와 광고의 공적 커뮤니케이션 기능

코로나19로 인해 '지속가능한 소비'에 대한 관심이 증가하고 있다. 지속가능한 소비는 2000년대 초반부터 마케팅이론을 중심으로 주창되어 왔으나 그 개념에 대한 보편적이고 명확한 정의는 아직 부족한 실정이며, 개별 학자 또는 기관별로 상이하게 해석되어 왔다.

친환경 소비, 윤리적 소비, 착한 소비 등 현재까지 논의되고 해석되어 왔던 지속가능한 소비활동들의 사례들을 살펴보면 '공익성'과 '사회적 책임'이라는 공통의 정서에 기반한다고 볼 수 있다. 또한 '지속가능한 소비'를 위한 광고캠페인은 기업PR, 공익광고 캠페인, 사회적 마케팅(Social Marketing)과 밀접한 관련이 있으며 '광고의 공적 커뮤니케이션 기능'과 유기적으로 연계되어 있다.

본 장에서는 최근 관심이 증대되고 있는 지속가능한 소비활동이 광고의 공익적 요소들과 연계되어 광고의 공적 커뮤니케이션으로서의 기능과 역할에 어떠한 영향을 미치는지에 대해 알아보고자 한다. 이를 통해 광고가 단순히 마케팅 활동의 상업적 툴(Tool)로서만 역할을 하는 것이 아니라 사회의 지속가능한 발전을 위한 공적 도구로서 중요한 부분을 담당한다는 것을 살펴보고자 한다.

제1절에서는 지속가능한 소비의 개념과 유형들을 살펴본다. 이를 통해 이 책의 독자들은 현재까지 정의되어온 지속가능한 소비의 의미와 주요한 형태들을 파악할 수 있을 것이다.

제2절에서는 공익성과 지속가능성과의 관계를 분석해 봄으로써 지속가능한 소비활동이 지니고 있는 공익성의 요소들을 살펴본다.

제3절에서는 광고의 공익적 기능과 공익적 광고커뮤니케이션의 유형을 알아봄으로써 광고가 가지고 있는 공적 소통의 역할과 그 유형들을 살펴본다.

제4절에서는 지속가능한 소비와 지속가능한 광고의 주요 사례들을 살펴보고 향후 발전방향과 과제들을 검토해 본다.

| 제1절 |

지속가능한 소비의 개념 및 유형

1. 지속가능한 소비의 개념

'지속가능한 소비(sustainable consumption)'의 의미는 원래 지속가능한 발전의 개념에 기초하고 있으며, 지속가능한 발전을 달성하기 위한 실천적 개념으로 인식되고 있다. 지속가능한 소비개념의 기원은 Meadows 등의 로마클럽 보고서인 '성장의 한계(1972)'이며, 1987년 브룬트란트 위원회의 보고서는 '지속가능한 발전(sustainable development)'이라는 용어를 공식적으로 사용하였다. 1992년 브라질 리우에서 개최된 유엔환경개발회의(WCED: World Commission Environment and Development) '리우선언'의 구체적 실천강령

인 'Agenda 21'의 Principle 8에서 지속가능한 소비를 "지속가능한 발전과 모든 국민의 더 높은 삶의 질을 달성하기 위하여, 국가는 지속불가능한 생산과 소비양식을 감소시키고 제거하여야 하며 적절한 인구정책을

[표 1-1] 지속가능한 소비의 개념들

주체	연도	정의
Ofstad	1994	기본적 욕구를 충족시키고 더 나은 삶의 질을 가능케 하는 재화와 서비스의 사용과 함께, 미래세대의 필요를 저해하지 않기 위해 자연자원과 유해성 물질의 사용, 전체 라이프사이클에 걸쳐 쓰레기와 오염물질 방출을 최소화하는 것
오슬루 심포지움	1994	미래세대의 소비충족기반을 훼손하지 않으면서 현세대의 소비를 충족시키는 것
IIED (국제환경 및 개발연구소)	1998	지속가능 소비의 핵심은 재화와 서비스의 선택, 사용, 처분과 관련된 경제적 활동에 있고 이것이 어떻게 사회적, 환경적 이득을 창출하도록 변화되어지는가
UNEP (유엔 환경계획)	1999	지속가능 소비는 기본적 욕구를 충족시키기 위해 자원을 사용해야 하고 필요로 하는 것 이상으로 자원을 사용하지 말아야 하는 것을 의미
OCSC (국제 다영역 컨실팅)	2000	지속가능 소비는 환경오염과 생태계 파괴 없이 물질적, 기타 욕구 충족을 위해 현재와 미래세대의 능력을 지원하는 소비
UNEP (국제 환경계획)	2001	지속가능 소비는 욕구충족, 삶의 질 향상, 효율성 증진, 폐기물 감소, 라이프사이클 관점의 고려 등과 같은 주요 문제들을 함께 고려하는 개념으로, 현재와 미래세대를 위해 환경적 손실과 인류에 대한 위협을 감소시키면서 삶의 기본적 욕구와 발전을 위한 욕구를 충족시키기 위해 어떻게 더 나은 서비스를 제공할 것인가에 대한 답을 위해 상기 요소들의 통합
DTI	2003	지속가능 소비는 지구 생태계의 한계를 반영하여 현재와 미래세대의 더 나은 삶의 질 향상을 위해 모두의 필요와 욕구를 충족시켜 나가는 경제적·사회적 과정
NCC (영국 건설협회)	2003	지속가능한 소비는 균형있는 행동으로 환경을 보호하고 자연자원을 현명하게 사용하며, 미래 소비자의 삶을 파괴하지 않는 범위에서 현재 삶의 질을 증진시키는 방식으로 소비하는 것

출처 : NCC·SDC(2006), I will if will-Towards Sustainable consumption, Sustainable consumption Roundtable Report, Tim Jackson(2007), Handbppk of Sustainable Development, Edward Elgar 등을 참고로 재정리함.

실시하여야 한다."고 하여, 지속가능한 발전과 지속가능한 소비를 연계하여 정의하고 있다. 1994년의 Oslo 심포지움에서는 "지속가능한 소비는 기본적인 필요를 충족시키고 더 나은 삶의 질을 위한 재화와 서비스를 사용하되, 미래 세대의 필요를 손상시키지 않도록 자연자원과 유해물질의 사용, 그리고 쓰레기와 오염물질의 배출을 감소시키는 것"이라 하였다. 1999년에 개정된 UN 소비자보호지침에서는 "지속가능한 소비는 경제적, 사회적, 환경적으로 지속가능한 방식으로 현재 및 미래세대가 재화와 서비스에 대한 욕구를 충족시키는 것을 포함하는 것"으로 정의하고 있다. 이러한 지속가능한 소비의 정의에 대한 여러 노력들에도 불구하고 명확한 개념 정의는 아직 정립되지 못하고 있는 것이 현실이다. 이는 지속가능한 소비의 개념이 매우 추상적이고 포괄적이며 이론적이어서 다양하게 해석·정의되고 있기 때문이다.

지속가능한 소비에 대한 기존의 정의와 개념들에 대해 살펴보면 크게 환경적, 경제적, 사회적 차원의 혼합된 개념으로 파악할 수 있다. 첫째, 지속가능 소비의 환경적 차원은 환경오염, 자원보전, 기후변화, 지구온난화, 동물복지 등 환경지향적 의미를 강조한다. '환경친화적 소비'나 '친환경 소비'라는 표현을 사용할 때에는 지속가능 소비의 환경적 차원을 강조하는 것이다. 둘째, 지속가능한 소비의 경제적 차원은 경제성장 특히 지속가능발전 등 시장지향적 의미를 강조한다. 셋째, 지속가능 소비의 사회적 차원은 빈곤해결, 세대간 정의, 계층간 형평 등 공동체 지향적 의미를 강조한다. 소비윤리나 윤리적 소비라는 표현을 사용할 때 사회윤리적 차원을 반영한 개념이다.

2. 지속가능한 소비의 유형

'지속가능한 소비'의 개념정의가 아직 명확하게 이루어지지는 않았지만 소비의 유형은 대체로 다음과 같이 크게 3가지로 구분하고 있다. 첫째, 자기충족적 소비로 소비 자체의 절대적인 감소를 의미하는데 과시하는 소비를 줄여 불필요한 포장이나 재화의 쌓임을 지양하는 절제적인 소비를 의미한다. 이 소비는 단순욕구 해소를 위한 필요 이상의 반복적인 소비로 인한 인력낭비도 최소화한다. 둘째, 친환경적인 소재 및 상품을 구입하는 소비를 말한다. 소비자는 제품이나 서비스 생산시 친환경적인 원료나 소재로 이루어지거나 또는 공정과정에서 친환경적인 공법을 사용하는지를 알아보고 소비 의사결정 과정에 반영한다. 셋째, 사회적 소비로서 지역사회와 타국에 부정적 영향을 끼치는 제품이나 서비스의 구입을 자제한다. 소비자 본인의 이익만을 고려하지 않고 구입하는 제품이나 서비스를 생산하는 기업의 윤리적 책임을 소비 의사결정 과정에 큰 결정요인으로 고려한다.

이처럼 지속가능한 소비는 다양한 차원에 대해 논의하며, 다양한 행동 양상으로 나타난다. 어떤 차원에 대한 고려를 대상으로 논의하는가, 어떤 소비자 행동에 집중하여 살펴보는가에 따라 다양한 용어로 표현되고 있다. 대표적으로 친환경 소비(environment-friendly consumption), 윤리적 소비(ethical consumption), 협력적 소비(collaborative consumption), 안티 소비(anti consumption)가 지속가능 소비의 맥락에서 논의되고 있다. 친환경 소비는 생태환경 보호와 관련되는 개념으로 녹색소비, 에코소비, 절약소비 등의 용어로도 표현되며, 역사적으로 지속가능한 소비의 측면에서 가장 먼저 대두되었다. 소비자의 친환경 행동을 강조하며 환경적인 의무, 신념, 태도를 기반으로 하는 행동과 더불어 결과적으로 환경에 미치는 영향을 줄이는 행동을 중시한다. Cowe and Williams(2001)는 상품이나 서비스의 선택시 환경이나 윤리를 고려하는 소비로 윤리적 소비의 개념을 제시하였다. 이들의 정의에 따르면 윤리적 소비는 개인적, 도덕적 신념에 따라 의식을 기반으로 신중한 소비선택을 하는 것이다. 김수정 외(2020)는 소비윤리 사회, 동시대 인류 및 후손, 동물복지, 공정무역 등을 고려하는 소비를 윤리적 소비로 지칭한다고 하였으며, 김주환(2012)은 윤리적 소비는 합리적 소비와 달리 소비선택 행위가 야기할 환경, 인권, 노동 등 사회적 문제를 고려하는 소비라 하였다. 협력적 소비 개념은 Botsman and Rogers(2010)에 의해 그 정의가 마련되었는데 "기술과 과학적 시스템을 통해 상품, 서비스, 시간 그리고 공간 등의 자원을 공유하는 소비활동으로 전통적인 공유, 대여, 선물, 거래, 물물교환 등을 포함하는 것"으로 설명되었다. Botsman and Rogers(2010)는 협력적 소비를 세 가지 유형으로 구분하였는데 첫째, 상품·서비스 시스템(대여, 렌트, 리즈 형태), 둘째, 자원 재분배 시장(중고, 물물교환 등), 셋째, 협력적 라이프 스타일(시간이나 공간 등 추상적인 자원의 공유)이다. 안티소비는 소비주의의 문화적인 지배와 무의식적인 과소비에 대한 재고와 반성으로부터 나타난 소비형태로 소비자들의 저항, 반항, 보이콧, 소비하지 않기 등이다(Shaw & Riach, 2011).

[표 1-2] 지속가능한 소비의 다양한 차원들

구분	주요 내용
친환경 소비	소비자의 친환경 행동을 강조 환경적인 의무, 신념, 태도를 기반으로 하는 행동및 환경에 미치는 영향을 줄이는 행동을 중시(녹색소비, 에코소비, 절약소비)
윤리적 소비	상품이나 서비스의 선택시 환경이나 윤리를 고려하는 소비, 개인적, 도덕적 신념에 따라 의식을 기반으로 신중한 소비선택(환경, 노동, 인권, 동물복지, 공정무역 등 사회적 문제)
협력적 소비	상품, 서비스, 시간 그리고 공간 등의 자원을 공유하는 소비활동(대여, 렌트, 리즈, 중고, 물물교환 등)
안티 소비	소비주의와 과소비에 대한 재고와 반성으로 나타난 소비문화(저항, 보이콧, 소비하지 않기 등)

| 제2절 |

공익성과 지속가능성과의 관계

1. 공익성의 의미

공익(公益, public interest)이라는 개념은 '공공의 이익, 공공의 번영을 가리키는 말로 정치학, 민주주의 등의 핵심적인 용어로 간주되며 영어 낱말 의미는 일반 대중의 번영이나 복지, 즉 '복리'로 정의된다. 공익성의 개념은 흄(David Hume, 1711~1776)이 제시한 사회적 공감(social sympathy)과 맥을 같이하는데, 그는 인간의 이기심은 다른사람과의 커뮤니케이션을 통해 사회적 공감으로 발전할 수 있다 하여 '공공성'의 기초개념을 설명하였다. 공익성은 사전적으로 ① 일반에게 공개되어 잘 알려진 것, ② 전 국민이나 국가 및 정부에 관련되었거나 영향을 미치는 것, ③ 일반 공중에게 관련된 것이나 이들에 의해 이용되고 공유되는 것이나 곳(예 : 공중화장실, 공영주택 등), ④ 사적인 것과 반대되는 공동체의 이익과 관련되는 것이라는 의미를 가진다(윤석민, 2008). 철학사상적 맥락에서 공익성의 개념은 ① 공공체의 이익, 다수의 이익, 환경에 대한 책임, 사회적 책임 등 전체의 효용성을 극대화하는 의미의 차원, ② 사회적 약자의 보호, 개인의 자유 보장, 기본권 보상 등의 사회적 가치에 대한 실현을 의미하는 차원, ③ 공론의 장 마련, 시민의식에서 능동성과 참여를 강조하는 과정과 절차에서의 공익성을 실현하는 차원이 있다(박혜영, 2018). 공익과 관련해서는 여러가지 정의와 개념이 있으나 '공익'이라는 개념은 다분히 철학적, 논쟁적인 측면이 있으며, 사회의 변화와 발전에 따라 다양하게 해석되어 왔다. 결국 공익의 개념은 절대적으로 고정된 개념은 아니며 사람들의 생활양식과 가치관, 시대적 상황 등 다양한 요소에 의해 좌우된다.

2. 지속가능성과 공익성

지속가능한 소비 개념의 근원이 되는 '지속가능성'이란 일반적으로, 특정한 과정이나 상태를 유지할 수 있는 능력을 의미한다. 현재는 생물학적, 생활 체계와 관련하여 주로 쓰인다. 생태학적 용어로서의 지속가능성은 생태계가 생태의 작용, 기능, 생물 다양성, 생산을 미래로 유지할 수 있는 능력이다(위키백과). 지속가능발전법에 따르면 '지속가능성'이란 현재 세대의 필요를 충족시키기 위하여 미래세대가 사용할 경제·사회·환경 등의 자원을 낭비하거나 여건을 저하시키지 아니하고 서로 조화와 균형을 이루는 것이다. 또한 지속가능발전이란 지속가능성에 기초하여 경제의 성장, 사회의 안정과 통합 및 환경의 보전이 균형을 이루는 발전을 말한다(지속가능발전법 1장 2조).

지속가능한 발전에 기초한 '지속가능한 소비'의 주요한 내용은 자원효율성의 증대나 욕구 충족, 삶의 질 개선, 재생가능한 에너지 자원의 사용, 폐기물 최소화, 수명주기 관점의 고려, 소비의 공정성 측면 고려 등 일반적인 사익의 추구나 기업 이윤의 극대화보다는 공동체의 이익이나 공공선의 구현을 위한 '공익'적 측면의 개념 및 활동과 밀접하게 연관된다. 즉, 환경보전을 담보할 수 있는 소비를 통해 미래세대에게 보다 나은 삶을 영위할 수 있는 기반을 제공하고, 윤리적이고 공정한 상품의 생산과 유통을 추구하는 소비를 통해 사회 더 나아가서는 글로벌 공동체의 유지와 발전을 확보한다는 점에서 공중의 이익과 공동체의 발전에 기여하는 '공익'에 부합된다.

| 제 3 절 |

광고의 공익적 기능

1. 광고의 공익적 기능

흔히들 광고는 기업이 생산한 상품과 서비스를 판매하는 과정에서 최대한의 이윤을 창출하기 위한 커뮤니케이션 활동으로 지극히 상업적인 활동이녀 사본주의의 총아라고 말하곤 한다. 광고에 대한 평가는 과장광고, 허위광고, 광고의 진정성에 대한 회의주의 등 비판론적 입장과 상품과 서비스에 대한 정보전달을 통한 거래비용의 감소 등 긍정적 측면을 강조하는 옹호론적 입장으로 나뉘어진다. 하지만 광고는 단순히 기업의 이윤추구를 위한 상업적 커뮤니케이션 기능의 역할만 담당하는 것이 아니라 우리가 일상적으로 간과하고 지나치고 있지만 다양한 공익적 기능을 수행하고 있다.

광고는 상품의 존재, 상품의 기능과 성격, 상품에 대한 접근 방법 등 상품 및 시장에 대한 정보를 소비자가 알도록 하여 상품생산과 소비과정의 연결에 필수적인 역할을 수행하고 있다. 즉, 상품의 생산과 소비를 이어주는 가교역할을 한다. 처음에 광고는 그 가교들 중 미약한 것이었으나, 현대에 올수록 점점 더 가장 핵심적이고 대표적인 것으로 성상해 왔다. 광고는 상품생산에서 필수적인 커뮤니케이션 노동과정이며, 상품의 가치를 커뮤니케이션 노동력이 지출된 만큼 증대시킨다. 다시 말해 광고는 소비자로 하여금 그 상품을 자신의 사용가치로 받아들이게끔 함으로써 '교환의 정보석 소건'을 충족시키는 상품생산과정의 핵심적 일부이며,

상품에 대한 소비자의 수요를 일정하게 창출하고 또 그만큼 사회적으로 부가가치를 생산하는 독특한 가치증식과정이다(신태섭, 1998). 광고는 기업의 상품과 서비스에 대한 소비자의 탐구비용을 줄여주고 바람직한 의사결정을 돕는 시장제도의 필수 구성요소이며, 더 나아가 광고 덕분에 기업이 더 많이 투자할 수 있어 더 높은 수준의 고용이 가능해지는바, 광고는 고용을 창출하는 경제제도이기도 하다(C. Sandage, & V. Fryburger(eds), 1960).

또한 광고는 현재의 사회체계에 대한 적합한 행동규범을 제시하고 소비자의 의식수준을 향상시키는 문화제도이기도 하다. 광고는 상품이름의 공유와 상품을 통한 지적 영역의 구축에 개입하며 상징적 시장에서 독점적 위치에 있지는 않지만 모든 사람이, 어린이들조차 쉽게 접근할 수 있다는 점에서 특별한 문화적 힘을 지닌다. 광고는 사람들이 소중히 여기는 것을 골라내서 가치있는 것으로 재현해 주며, 광고주는 일상적인 이상향의 보호자라는 것을 확인시켜 준다. 그럼으로써 일종의 공유문화, 곧 상징적 공유문화(common symbolic culture)를 구성한다(M. Schudson, 1984). 문화적 측면에서의 광고는 가장 영향력 있는 문화의 선도자이자, 문화발전을 위한 가장 중요한 물적 기반이다. 일부 주장이기는 하지만 광고를 미래산업의 중심인 영상 콘텐츠 산업의 기간산업이라고까지 부르는 것은 광고가 갖는 현대문화에 대한 잠재적 비중이 그만큼 크다는 것을 의미한다. 광고는 사람들을 기업이 원하는 소비자가 되도록 교육시키고 그 결과 기성의 태도는 강화된다. 광고의 문화적 파급력은 그 사회의 문화를 창달하느냐 쇠퇴시키느냐까지 맞닿아 있다고 할 수 있다.

사회가 다원화되고 다양화됨에 따라 광고의 설득커뮤니케이션 기능은 기업과 민간영역에서만 필요한 것이 아니라 정부 및 공공기관 등 공공분야에서도 일반 국민과의 원활한 소통을 위해 필요로 하게 되었다. 권

위주의 사회가 아니라 민주화된 사회에서의 정부 및 공공영역과 국민과의 소통은 일방적 의지에 의한 강제가 아니라 메지시를 명확하게 국민들에게 설명하고 설득하며, 그들로부터 실질적인 동의를 얻어내는 진정한 의미의 커뮤니케이션 과정이다. 이러한 커뮤니케이션 환경에서 광고는 단지 기업의 마케팅 수단으로서뿐만 아니라 사회적 커뮤니케이션의 수단으로도 중요한 기능을 갖게 된다.

광고의 공익적 기능은 여러 가지가 있으나 크게 경제·산업적 측면, 문화·사회적 측면과 공적 소통 측면으로 구분할 수 있다. 첫째 경제·산업적 측면은 광고는 소비자의 상품 및 서비스에 대한 정보탐색 시간과 비용을 절감시킴으로써 보다 효율적인 상품 구매를 가능하게 하며, 구매과정에서 기업과 소비자의 가교역할을 하여 불필요한 낭비적 요소를 제거한다. 또한 광고산업 자체가 지식 기반의 고부가가치 산업으로 기획, 제작, 매체집행, 효과평가 등 일련의 광고 과정을 통해 고용의 증대 및 산업 가치사슬을 확장함으로써 고도의 부가가치를 창출한다. 둘째, 사회·문화적 측면으로 광고는 영상, 콘텐츠 산업의 핵심으로 광고가 표현하는 상징과 기호는 한 사회와 문화를 대변한다. 광고를 흔히 "사회를 나타내는 거울"이라고 하는데 광고를 통해 우리는 사회의 발전상과 변화상 그리고 그 속에 나타나는 사회 문화적 제 양상을 확인할 수 있다. 즉, 광고는 문화산업의 한 핵심축으로 한 국가나 사회의 문화창달과 발전에 주요한 역할을 하는 공익적 기능을 담당한다. 셋째, 공적 소통측면은 점점 다원화되고 있는 사회에서 나타나고 있는 여러 가지 사회적 당면과제와 문제들을 해결하는데 정부 및 공공 영역이 국민의 동의를 얻기 위한 과정에서 원활한 소통을 유지하는 설득 기능을 담당한다. 우리는 이를 민주적 의사소통 과정이라 부른다. 이는 독일의 사회철학자 하버마스(Jurgen Habermas)가 제시한 민주적 의사소통 모델인 '공론권 모델(public sphere)'과

[표 1－3] **광고의 공익적 기능**

구분	주요 내용
경제·산업적 측면	• 소비자의 정보탐색 시간과 비용을 절감 • 기업과 소비자간 커뮤니케이션 가교역할 • 고용창출, 산업적 부가가치 창출
사회·문화적 측면	• 상징, 기호를 통해 사회의 문화표현 • 사회의 단면과 문화양상 파악 가능 • 영상, 콘텐츠 문화의 창달 및 발전
공적 소통 측면	• 정부, 공공영역과 국민(공중)과 원활한 소통 채널 역할 • 민주적 의사소통 기능, 공론권 모델

부합되는 것이기도 하다. 아무리 바람직한 정책과 메시지가 있더라도 국민(공중)에게 명확하고 효과적으로 전달되지 못한다면 원하는 커뮤니케이션 효과를 달성하지 못하게 된다. 따라서 광고의 공익적 기능 중에 '공적 소통' 측면은 매우 중요한 기능 중 하나로 평가된다.

2. 공익적 광고 커뮤니케이션의 유형

1) 공익광고

공익광고란 영리를 추구하는 상업광고와는 다른 공공선의 목적 달성을 위한 광고로서 상품 및 서비스를 판매하기 위해 소구하는 상업적 광고와는 대치되는 광고의 한 형태이다. 공익광고는 상업적인 영리를 목적으로 하지 않는다는 점에서 공공의 개념과 밀접한 관련이 있으며, 공익광고 캠페인의 궁극적인 지향점은 공공의 이익 달성에 있다고 할 수 있다. 공익광고는 대표적인 설득 커뮤니케이션의 툴인 광고를 통해 우리 사회가 당면하고 있는 여러 가지 사회문제들에 대해 사회 구성원들 간의 인식을 공유하고, 올바른 해결방안을 제시하며 바람직한 행동변화를 유발함으로써 사회의 건전한 발전을 견인하는데 주요한 역할을 해 오고 있다(서영택, 2020). 공익광고의 최종 목적은 공공성에 위배되는 일탈적 태도와 행동을 변화시키거나 예방하는데 있다. 공익광고는 제품광고와는 달리 브랜드 인지도나 선호도를 제고하지도 않고 판매촉진에 직접적인 영향을 미치지도 않는다. 공익광고는 넓은 의미에서 정부의 대국민 커뮤니케이션인 정부광고와 일반 공공기관의 공익적 광고 및 비정부기구(Non-Governmental Organization: NGO), 비영리 조직(Non-Profit Organization: NPO) 등 비영리 단체의 공익적 광고를 모두 포괄하는 공공광고의 일환이다.

2) 정부광고

정부광고의 정의는 "정부기관 및 공공법인이 홍보매체에 의뢰하여 시행하는 일체의 유료고지 행위"(언론진흥재단, 2021)라고 규정할 수 있다. 정부광고의 분류는 1997년 공보처에서 발간된 『광고행정백서』에 기술된 개념이 활용되고 있다. 백서에 따르면 정부광고는 "중앙행정기관, 지방자치단체, 정부투자기관 및 일부 특별법인이 일정한 효과를 야기하고자 관념과 정보의 전달 서비스에 관한 메시지를 매체를 통해 전달하는 일체의 광고행위"라고 규정하고 있다. 여기에서는 정부광고를 비상업적 광고로 이윤을 추구하는 일반 상업광고와는 다르게 행정광고, 시책홍보광고, 의견광고, 긴급쟁점광고, 공공봉사 광고(공익광고), 상품 및 서비스 광고로 분류하고 있다(최일도, 2020).

3) 사회(공공)마케팅

사회마케팅(social marketing)은 특정 집단의 가치, 아이디어, 태도의 변화를 목적으로 한다. 코틀러와 잘드만(Kotler & Zaltman)은 사회마케팅을 사회적 아이디어의 수용에 영향을 주기 위한 계산된 프로그램의 디자인, 집행, 그리고 통제라고 정의한다. 사회마케팅(social marketing)은 일반적 마케팅의 경제적 이윤 창출과는 달리 사회의 공공선, 즉 공공 건강 및 사회적 복지 등 사회의 발전을 위한 목표를 위해 기획, 집행, 판촉, 효과평가 등 전통적인 마케팅 정책을 통해 사회구성원의 바람직한 행동변화를 유도하는 마케팅 기법이다(위키백과). 요약하면 상업적인 마케팅은 기업의 상품과 서비스의 판매를 위해 표적집단을 설정하고 타깃 세분화를 실행하여 마케팅 4P(Product, Price, Place, Promotion)정책을 통해 마케팅 목표를 달성하고자 하는 것인데 반해 사회마케팅(social marketing)은 사회 공동체의 공공적 발전을 목표로 상업마케팅의 기법을 차용하여 마케팅 목표를 달성하고자 하는 노력이다.

4) 기업 PR 광고

현대사회에 들어와서 광고가 미디어의 최대 수입원이 되면서 상업미디어의 폭발적 성장을 가져왔다. 최근 SNS 등 공유미디어와 OTT 등 구독미디어의 등장으로 대중매체에서의 광고의 역할이 이전에 비해 축소되고 있는 것이 사실이지만 주요 개인 미디어 플랫폼에서는 여전히 광고를 비즈니스 모델로 채택하고 있으며 OTT플랫폼 역시 구독경제와 함께 광고를 병행하여 운영재원으로 삼고 있어 광고가 플랫폼의 유형에 상관없이 미디어의 주 운영재원으로 기능과 역할을 하는 것은 변함이 없다.

상업매체의 급속한 성장은 매체가 가지는 커뮤니케이션 기능을 왜곡시킬 가능성을 내포하고 있으며, 따라서 모든 국가들에서 상업광고의 양이나 운영방식, 그 내용 등에 대한 제품광고에 매몰되기보다는 보다 장기적인 차원에서 기업이미지 제고를 위해 공공광고 성격을 갖는 상업광고를 지향하는 경향이 있다. 우리는 이를 PR이라고 부르는데 기업에 대한 사회적 평판과 평가 이미지를 긍정적으로 전환시키기 위한 노력은 장기적인 마케팅 전략의 일환으로서 매우 중요한 역할을 한다(박찬표, 김영태,

[표 1-4] 광고의 공익적 커뮤니케이션 유형

영리성 구분	광고유형	주체	메시지	목적 및 내용
비영리	공익광고	공공기관 NGO, NPO	공익적	공중의 바람직한 인식과 행동변화
	정부광고	정부	공익적	정부 정책홍보 및 고지 등
	사회적 마케팅	공공기관, 정부, NGO NPO 등	공익적	공공적 목표를 마케팅툴을 활용 공중의 바람직한 행동변화(마케팅툴 중 PR 및 광고를 활용)
영리	기업PR	일반 기업	공익적	공익적 메시지 소구를 통해 기업 이미지 및 평판 제고

하상복, 2006). 이렇듯 기업의 영역에서도 광고의 공익적 측면에 대한 관심이 점점 높아지고 있다. 기업PR 광고는 광고의 목적이 궁극적으로 기업의 이미지와 평판제고를 통해 기업이윤의 추구라는 영리적 성격을 지니고 있다는 점에서 엄밀하게 공익적 광고의 범주에 포함시키는 것에 무리가 있다는 일부 주장이 있으나, 콘텐츠와 메시지의 관점에서 보면 사회와 공중의 안녕과 지속가능한 발전을 위한 공익적 메시지를 표출한다는 면에서 넓은 의미의 공익적 광고로 포함시킬 수 있다.

| 제 4 절 |

지속가능한 소비와 지속가능한 광고

1. 지속가능한 소비를 지속가능하게 하는 광고

앞서 언급한 바와 같이 지속가능한 소비에는 여러 유형이 있으나 환경의 보호, 자원 절약 및 재생을 통해 현재와 미래 세대의 지속가능한 발전을 달성하고자 하는 친환경 소비, 상품의 생산 및 유통과정에서 노동의 착취와 환경 파괴 등 비윤리적인 활동을 배제하며 공정하고 도덕적으로 흠결 없는 생산과정을 거친 제품을 소비하는 윤리적 소비 등이 우리에게 가장 보편적으로 알려져 있고 친숙한 소비 형태들이다. 지속가능한 소비는 그 개념의 기초가 되는 '지속가능한 발전' 및 '지속가능성'으로부터 파생되어 왔다. 따라서 근원에는 '환경보호', '윤리', '미래세대의 발전' 등 공익성 요소들이 내재되어 있으며, 공익성과 밀접한 연관을 가지고 있다. 또한 생산과 소비활동 과정에서 생산자와 소비자는 상품과 서비스의 판매와 소비를 위해 필연적으로 광고 커뮤니케이션을 집행하거나 광고 커뮤니케이션에 노출되게 된다.

광고의 공익적 기능은 경제·산업적 기능, 사회·문화적 기능 그리고 공적 소통 기능 등이 있으며 지속가능한 소비를 위한 광고활동은 경제·산업적 기능 및 사회·문화적 기능의 포괄적 관계성과 더불어 공적 소통 기능과 밀접한 연관성을 가지게 된다. 즉, 지속가능한 소비를 주창하는 광고의 주체가 정부, 공공기관, 공공단체(NGO, NPO) 등과 사회적 기업 및 관련 소비활동을 위해 기업PR 광고를 집행하는 일반 기업인 경우가 대부분이며 이들 주체들은 공익적 광고의 유형인 정부광고, 공익광고와 기업 PR 광고를 주로 집행한다. 또한 마케팅 목표를 설정하고 사회적(공공) 캠페인의 추진을 통해 마케팅 목표를 달성하고자 노력한다. 이들이 공중을 대상으로 소구하고자 하는 메시지는 환경, 공중 보건, 청소년 문제, 사회적 약자의 배려 등 공익적 주제와 콘텐츠이며 이를 통해 사회 문제 및 당면과제 대한 공중의 인식전환과 바람직한 행동변화를 유발함으로써 궁극적으로 사회의 지속가능한 발전을 달성하고자 한다. 요약하면, 지속가능한 소비활동은 소비활동의 내용 자체가 공익적 요소를 포함하고 있으며 그 과정에서 필연적으로 수반되는 광고와 마케팅 커뮤니케이션 노력들은 광고의 공익적 기능을 지닌 정부광고, 공익광고, 사회적 마케팅, 기업PR 광고 등의 형태로 표출된다.

이와 관련하여 최근 지속가능한 소비 활동을 공익적 광고 커뮤니케이션을 통해 진행한 대표적 사례를 소개하면 아래와 같다.

아래 공익광고 캠페인은 KOBACO(한국방송광고진흥공사)에서 2015년에 제작된 환경 공익광고 "나무를 베지 않는 착한 커피"편이다. 본 공익광고

[그림 1-1] **1회용 용기 자제를 위한 친환경 소비 공익광고**

출처: 한국방송광고진흥공사 홈페이지 공익광고 자료실

는 1인당 평균 커피 음용량이 12.2잔일 정도로 커피수요가 많은 국내 커피 소비시장에서 1회용 커피잔의 남용으로 인한 산림자원의 훼손 방지를 목적으로 지속가능한 소비를 주창하는 공익광고 캠페인으로 불필요한 자원낭비를 자제하며 친환경적인 커피 소비를 강조한다.

참치 등 주요 어족자원의 남획으로 해양생태계는 갈수록 파괴되고 있는 상황이다. 2021년 5월 제일기획과 WWF(세계자연기금)는 공동으로 국제 해양관리협회의 인증을 획득한 지속가능한 방식으로 어획된 참치 소비를 권장하는 캠페인을 전개하였다. 입체 동영상을 코엑스 대형 전광판에 집행하였는데, 이 캠페인은 광고회사와 국제 NGO간 협업을 통해 지속가능한 소비에 대한 공중의 인식을 환기시키는 성공적인 캠페인 사례로 평가된다.

[그림 1-2] 제일기획, WWF(세계자연기금) 공동 지속가능한 참치 소비 캠페인

출처: 제일기획 매거진, 2021.5

커피, 코코아, 쌀, 과일, 차, 설탕 등 식료품은 대표적인 공정무역 품목으로 꼽힌다. 공정무역 제품들은 주로 직거래를 통해 수입되고 도덕적 가치 판단과 신념에 따라 상품을 선택하는 소비자의 윤리적 소비를 통해

[그림 1-3] 벤엔제리스 아이스크림 공정무역 마크

출처: 벤엔제리스

구매되기 때문에 착한 소비로 불리기도 한다. 아이스크림업체 벤엔제리스는 아이스크림에 사용하는 설탕, 코코아, 바닐라, 커피, 바나나 등 5가지 주요 원료를 모두 전 세계 개발 도상국의 소규모 농장에서 공정무역을 통해 공급받고 자사 아이스크림 패키지에 공정무역 인증마크를 부착해 소비자들의 착한 소비를 이끌어 내는 캠페인을 실행하였다.

2. 지속가능한 소비와 광고의 향후 과제

최근 공공분야와 기업에서 ESG(Environmental, Social, Governance) 경영이 주요 화두로 떠오르고 있다. 친환경, 사회적 책임, 지배구조 개선을 골자로 하는 경영시스템인 ESG 경영이 표방하고 있는 핵심 키워드는 '지속가능한 발전' 및 '지속가능한 소비'의 맥락을 같이하고 있다. 즉, 환경보호,

사회적 책임 구현 및 투명하고 공정한 지배구조 구축 등 '공익'과 밀접한 관련이 있다. 이러한 경영방침의 실행을 위해서는 영역과 분야에 상관없이 생산한 재화와 서비스의 주 수요층인 소비자를 대상으로 하는 소비촉진 활동이 필요하며, 이 과정에서 필수적으로 광고 커뮤니케이션 실행이 요구된다.

향후 ESG 경영 및 지속가능한 경영환경으로부터 촉진되는 지속가능한 소비와 공익을 기반으로 하는 광고의 공적 커뮤니케이션 활동에 관심과 수요가 지속적으로 증가할 것으로 예상된다. 이러한 발전 전망에도 불구하고 현재까지 지속가능한 소비활동과 광고의 공적 커뮤니케이션 기능과 관련한 체계적이고 면밀한 연구가 부족한 것이 현실이다. 앞으로 펼쳐질 새로운 소비영역과 광고 마케팅 환경의 변화를 기회요인으로 삼기 위해서는 보다 적극적인 인식의 전환과 창의적인 노력들이 요구된다.

먼저, 그동안 개별적으로 다양하게 정의되어 왔던 지속가능한 소비와 관련한 구체적인 개념화 작업이 필요하다. 이를 통해 공공영역과 일반기업 분야의 구분 없이 명확한 마케팅 커뮤니케이션의 목표설정과 체계적 전략 추진이 가능할 수 있을 것이다. 현재 지속가능한 소비활동과 관련된 공공마케팅과 캠페인의 전략수립, 집행, 효과평가 등은 기존의 상업마케팅에서 차용한 마케팅 기법과 도구들을 주로 활용해 오고 있어 분석과 평가에 한계점을 지니고 있다. 지속가능한 소비와 광고 캠페인에 적합한 전략의 수립과 집행에 필요한 체계적인 시스템 구축이 필요하다. 또한 단순히 상업적 프로모션의 일환으로 인식되던 광고의 역할에 대한 재해석과 광고의 공적 커뮤니케이션 기능에 대한 지속적인 관심과 연구들이 요구된다. 향후 본격적으로 전개될 지속가능한 소비활동에 부응할 수 있는 '지속가능한 광고'를 위한 모두의 노력이 필요한 시점이다.

참고문헌

김성천(2009). 지속가능한 소비를 위한 법제 개선방안 연구. 서울:소비자보호원.

김수정, 박해란, 최샛별(2020). 윤리적 소비에 관한 사회적 고찰: 20대 여성의 윤리적 소비인식과 실천을 중심으로. 사회과학연구, 31(1), pp.279-299.

김주환(2012). 신자유주의 사회적 책임화의 계보학: 기업의 사회책임 경영과 윤리적 소비를 중심으로. 소비자학연구, 26(1), pp.1-22.

김성훈, 양병화(2005). 사회마케팅과 공익광고 캠페인. 서울:커뮤니케이션북스.

김병희(2015). 공익광고의 정석. 서울: 커뮤니케이션북스.

박찬표, 김영태, 하상복(2006). 광고의 공적 커뮤니케이션 기능에 대한 연구. 서울:KOBACO.

박혜영(2018). 공중관계(Public Relations)에 있어서의 공익성 개념화 및 척도개발 연구. 서울:서강대학교 대학원 박사학위논문.

신태섭(2001). 방송광고의 공익성 원리 연구. 한국광고홍보학보. 3(2). pp.1-15.

윤석민(2008). "2008년초 정권교체 시점의 방송통신 정책기구 개편을 둘러싼 논의의 혼선과 쟁점들." 언론정보연구, 45(1), pp.29-66.

이희복, 소현진, 지원배, 서영택, 최일도, 안주아, 정승혜, 최민욱, 오창우, 차유철 공저(2020). 광고와 사회 그리고 광고비평. 서울:학지사.

한국소비자원(2005). 지속가능한 소비문화 창출방안 연구. 서울.

Botsman, R., & Rogers, R. (2010). Beyond zipcar: Collaborative consumption, *Harvard Business Review*, 88(10), p.30.

Cowe, R., & Williams, S. (2001). Who are the Ethical Consumers?

Co-Operative Bank Mori Survey.

Sandage, C. & Fryburger, V. (eds.), *The Role of Advertising*(Homewood, Ill ; Richard Irwin, 1960), p.149.

Schudson, M. *Advertising*, the Uneasy Persuasion(New York: Basic Books, 1984), p.160.

Shaw, D., & Riach, K. (2011). Embracing ethical fields: constructing consumption in margins. *European Journal of Marketing*. 45(7/8), pp.1051-1067.

https://www.kobaco.co.kr/ws/kobaco.jsp?w2xPath=/kobaco/businessintro/about/about_view.xml

https://www.kpf.or.kr/front/intro page/intropageShow.do?page_id=015468edace9456a96036435c9df296f

Chapter
02

지속가능한 패션과 소비자 혜택

지속가능성(sustainability)은 미래 세대의 가능성을 제약하는 바 없이 현 세대의 필요와 미래 세대의 필요가 만나는 것이다. 점점 심각해지고 있는 자원의 고갈과 세계 이상 기후 변화를 겪으며 환경 지속가능성에 대한 관심과 중요성에 대한 목소리가 높아지고 있다.

따라서 여기에서는 지속가능성이란 무엇인지에 대해 간단히 알아보고, 환경 지속가능성이 글로벌 패션 산업에 미치는 영향과 그에 따른 패션 브랜드의 변화를 사례를 통해 살펴본다. 또한, 지속가능한 패션 브랜드의 혜택과 구매 의도와 관련하여 소비자-브랜드 관계 관점에서 접근한 연구 결과를 제공한다.

| 제1절 |

지속가능성(sustainability)

산업화로 인한 환경 파괴가 날로 악화되고 있음을 인지한 유엔은, 각국 정부의 협의 및 실행을 모으기 위해 브룬틀란 위원회(Brundtland Commission; 세계 환경 위원회로도 알려져 있다)를 조직하였다. 브룬틀란 위원회는 1987년에 출판한 〈우리들 공동의 미래〉(Our Common Future; 브룬틀란 보고서로도 알려져 있다)라는 보고서를 통해 '지속 가능한 발전'(sustainable development)이란 개념에 대해 처음으로 정의 내렸다. 유엔은 환경적으로 제기된 지속가능성에 대한 문제를 경제적, 사회적 상황과 함께 고려해야 함을 언급하였다.

이 보고서를 시작으로 많은 나라에서는 지속가능성에 대한 관심이 높아졌고 이를 이루기 위한 노력을 기울이고 있다. 대한민국에서 시행된 지속가능발전법 1장 2조에 따르면, 지속가능성(sustainability)이란 "현재 세대의 필요를 충족시키기 위하여 미래 세대가 사용할 경제·사회·환경 등의 자원을 낭비하거나 여건을 저하(低下)시키지 아니하고 서로 조화와 균형을 이루는 것"을 의미한다(지속가능 발전 포털, 2015).

이러한 지속가능성의 세 분야 중에서도 환경 지속가능성에 대한 관심과 중요성은 계속 높아지고 있다. 미국의 한 조사 기관인 퓨 리서치 센터(Pew Research)는 2008년부터 매년 환경 관련한 미국 대중들의 인식 조사를 꾸준히 보고해왔다. 이 조사기관의 최근 보고서(Funk & Kennedy, 2020)에 따르면 환경 보호 및 기후 변화와 관련한 규제와 관심이 우선적으로 다루어져야 한다는 사람들의 인식은 2008년부터 현재까지 꾸준히 상승했음을 알 수 있다. 또한 설문 참가자 중 약 70%는 개개인의 생활방식이 지구 환경에 부정적으로 미치는 영향이 있고, 그 결과에 대한 책임이 있다고 생각한다고 응답했다.

이러한 인식 변화는 사람들의 삶의 방식을 바꾸었을 뿐만 아니라 소비생활에도 영향을 미쳤다. IBM Institute for Business Value에서 시행한 2020년 소비자 트렌드 조사는 최근 소비자의 가치 중시 소비 경향에 대해 보고했다(Haller et al., 2020). 연구조사에 따르면, 약 80%의 미국 소비자들은 구매 결정에 있어 지속가능성(sustainability)을 중요하게 고려한다는 것으로 나타났다. 60%가 넘는 소비자들은 환경에 미치는 부정적 영향을 줄일 수 있는 소비 습관으로 바꾸고자 하는 것으로 나타났다. 또한, 소비자들의 이러한 인식 변화는 브랜드 가치 평가에도 영향을 미치는 모습을 보였다. 75%가 넘는 소비자들은 깨끗한 제품("clean" products), 즉 자연 재료를 사용하고 자연과 건강을 해치지 않는 재료 공법을 사용하는 브랜드를 선호하고 환경에 대한 책임감을 보이는 브랜드 그리고 재활용이 가능한 제품을 제공하는 브랜드를 선호하고 구매한다는 것을 알 수 있었다.

이러한 지속가능성의 중요성과 소비자 인식 변화의 흐름은 지속가능한 소비(sustainable consumption)라는 개념으로 이어졌다. 유엔 환경 계획(United Nations Environment Programme; UNEP)은 지속가능한 소비란 필요 충족, 삶의 질 향상, 효율성 향상, 낭비 최소화 등의 중요 이슈들을 다양한 관점에서 아우르는 포괄적 용어라고 말했다. 더 나아가 앞서 언급한 구성 요소들을 통합하여 현재와 미래 세대 모두를 위한 삶의 기본 요구 사항과 개선에 대한 열망을 충족시키면서 환경 피해와 인간 건강에 대한 위험을 지속적으로 줄이고자 하는 소비활동을 의미한다고 언급했다(UNEP, 2001). 지속가능성 관련 참고 문헌에서는 지속가능한 소비를 세 가지로 분류하여 설명하고 있다(Jackson & Michaelis, 2003). 첫 번째, 지속가능한 소비는 효율적 자원과 친환경적 제품의 구매 등과 관련한 '다른 소비(consuming differently)'를 포함한다. 두 번째는 '책임감 있는 소비(consuming responsibly)'로 공정 거래 제품의 구매 등을 말한다. 마지막 지속가능한 소비에 포함되는 것은 '더 적은 소비(consuming less)'를 얘기하고 있다.

여기에서는 첫 번째 지속가능한 소비 분야인 '다른 소비'에 초점을 맞추고 패션 산업에서의 환경 지속가능성에 대해 알아보고자 한다. 이 글의 목적은 글로벌 패션 산업에서의 환경 지속가능성에 대한 이해를 높일 수 있도록 사례와 소비자 연구 결과를 제공하는 것이다.

| 제 2 절 |

지속가능한 패션(sustainable fashion)

지구 환경 오염 문제의 심각성에 대해서 세계적으로 많은 논의가 이루어짐에 따라 여러 산업 분야에서 환경 보호를 위한 다양한 행보를 보여주고 있다. 그중에서도 패션 브랜드의 환경 보호를 위한 활발한 움직임이 많이 관찰되고 있다. 이는 패션 산업에서 옷이나 신발 등을 생산하고 공정(工程)하는 과정이 지구 환경에 큰 영향을 미치기 때문이다. 패션 산업이 환경에 미치는 부정적 영향으로는 물 소비량, 탄소 배출량, 그리고 수질오염을 들 수 있겠다. 패션 산업은 전체 공업용수의 20%가 넘는 부분을 차지한다. 예를 들면, 면 티셔츠 한 장을 만들기 위해서 소모되는 물의 양은 약 2,650ℓ로 이는 한 사람이 약 2.5년 동안 마시는 물의 양과 같다. 또한 염색 가공과정에서 상당히 많은 양의 탄소가 배출되고 심각한 수질오염이 발생한다.

따라서 세계의 많은 패션 브랜드는 환경 지속가능성을 위해 앞장서 솔루션을 제시하고 혁신적인 접근을 하려는 등의 세계 변화에 발맞추는 모습을 보여주고 있다. 이러한 결과 최근 '지속가능한 패션(sustainable fashion)'이라는 콘셉트를 많은 의류 브랜드가 앞세우고 있다. 지속가능한 패션이란 의류의 생산과 공정, 소비와 폐기에 이르는 전 과정에서 환경을 고려해 오염과 자원 낭비를 최소화하는 것을 의미한다(Pandit et al., 2020). 이렇듯 소비문화의 변화는 패션 의류 브랜드와 소비자에게도 그 영향이 미치고 있지만 어떠한 요소들이 지속가능한 패션에 대한 소비자들의 관심을 구매로 연결시키고 브랜드와의 지속적 관계 유시에 연관하는지에 대한 이해가 요구된다. 여기에서는 대표적인 글로벌 지속가능한 패션 브랜드의 행보를 간단하게 다루고 소비자와 브랜드의 관계적, 행동적 측면에서 바라본 한 연구 결과를 간단하게 제공한다.

1. 글로벌 브랜드의 지속가능한 패션 사례

클래식한 스타일을 고수하는 패션 브랜드 랄프 로렌(Ralph Lauren)은 새로운 시스템과 기술을 공정과정에 도입함으로써 지속가능성을 위한 브랜드의 노력을 보여주고 있다. 예를 들어, 폐플라스틱을 이용하고 물을 사용하지 않는 염색 과정을 거쳐 제작한 '어스 폴로(Earth Polo)'셔츠를 선보였다. 또한 염색 과정에서 물을 재활용 및 재사용하는 '컬러 온 디맨드(Color on Demand)'라는 혁신적인 시스템을 도입해 의류 제작을 하고 있다(Ralph Lauren Corporation, 2021). 이러한 시스템의 활용은 자원의 재활용에 도움이 되고 물 사용량을 줄일 뿐만 아니라 폐수와 수질오염을 크게 줄일 수 있다는데 의미가 크다고 할 수 있다.

두 번째로 소개할 브랜드는 오랜 기간 지속가능성을 위해 끊임없이 노

[그림 2-1] '컬러 온 디맨드' 시스템이 이용된 2020도쿄올림픽의 올림픽·패럴림픽 팀 USA 폐막식 의류 컬렉션

출처: https://corporate.ralphlauren.com/pr_210414_OlympicsClosingCeremony.html

력해 온 친환경 글로벌 아웃도어 제품 브랜드 파타고니아(Patagonia)이다. 이 브랜드는 페페트병에서 폴리에스테르 원단을 추출하는 방식으로 플리스 제품을 생산하는 것으로 이미 잘 알려져 있다. 또한 파타고니아 의류의 69%는 폐의류와 페페트병 등과 같은 재활용된 자원으로 만들어지고 있다(Patagonia, 2021). 파타고니아는 생산과정의 변화뿐만 아니라 소비자들이 직접 변화의 주체가 될 수 있음을 강조하는 다양한 캠페인을 매 년 실행해 왔다. 최근에는 '덜 사고, 더 요구하세요(Buy less, Demand More)' 캠페인을 통해 지구를 살리는 소비 의식과 소비 행동 변화를 촉구했다. 이 캠페인은 '더 적은 소비(Buy Less)'를 통해 새 옷으로 인해 발생되는 환경오염이 줄어들게 되고, 소비자가 기업에게 리사이클 제품 및 공정 무역 제품 생산 등을 '더 많이 요구(Demand More)'함으로써 현재의 환경문제와 패션산업이 안고 있는 여러 가지 문제점을 소비자들이 해결할 수 있다고 말한다.

더불어 의류 쓰레기를 줄이고 오래된 옷이 주는 가치와 함께 새로운

[그림 2-2] 파타고니아 온라인 중고 의류 보상 판매 예시

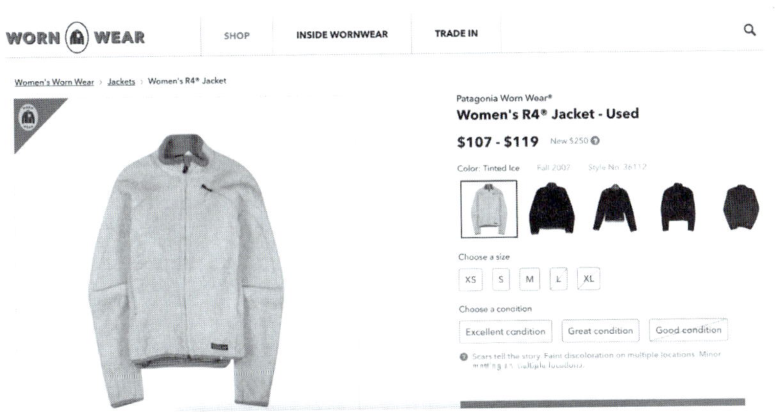

출처: https://wornwear.patagonia.com/p/patagonia-ws-r4-jacket-womens/36112?color=TIC

[그림 2-3] 파타고니아코리아 원웨어 투어 트럭

출처: http://www.patagonia.co.kr/wornwear/tour.php

소비문화를 독려하는 '원웨어(Worn Wear)' 환경 캠페인을 2013년부터 현재까지 한국과 미국을 포함한 10개 국가에서 활발히 펼치고 있다. 캠페인의 일환으로 파타고니아는 온라인 중고 의류 보상 판매 프로그램 및 오

랫동안 입은 헌 옷을 모아 새로운 옷으로 재탄생시키는 '리크래프트 컬렉션'을 제공하고 있다. [그림 2-2]를 보면 미국 파타고니아의 공식 사이트에서는 여러 상태의 파타고니아 중고 옷을 저렴한 가격에 구매할 수 있다. 파타고니아코리아는 원웨어 프로그램으로 특정 매장에서뿐만 아니라 [그림 2-3]의 원웨어 트럭 투어를 통해 무상수선을 진행한다.

명품 브랜드 또한 지속가능한 패션의 흐름에 함께하고 있다. 그 예로 프라다(PRADA)와 버버리(Burberry)를 들 수 있다. 프라다의 시그니처 소재인 '나일론'은 환경에 부정적 영향을 미치는 것으로 알려져 있다. 이를 해결하기 위해 프라다는 산업 폐기물에서 추출한 재료들을 재활용해 제작하는 '에코닐(Econyl)' 소재를 이용해 제품을 생산하는 '리-나일론 프로젝트

[그림 2-4] 버버리와 프라다의 지속가능한 소재를 활용한 의류 컬렉션

출처: (좌)https://www.burberryplc.com/en/news/corporate/2020/burberry-launches--reburberry-edit--made-from-innovative-materia.html (우)https://www.pradagroup.com/en/sustainability/environment-csr/prada-re-nylon.html

(Re-Nylon project)'를 실시했다(PRADA Group, 2020). 버버리 또한 플라스틱 폐기물과 친환경 소재를 활용하고 최신의 혁신적인 재료 과학을 이용하여 버버리의 스타일을 재해석한 '리버버리 에딧(ReBurberry Edit)' 컬렉션을 선보였다(Burberry, 2020).

2. 지속가능한 패션 브랜드와 소비자

앞선 사례들에서 살펴보았듯이 생산 과정의 변화 및 버려진 소재의 재활용으로 지속가능한 패션을 이루고자 하는 여러 패션 브랜드들의 노력을 확인했다. 하지만 소비자가 지구 친화적인 브랜드의 의류를 구매하고 이러한 브랜드와 장기적인 관계를 이어가게 하기 위해서는 순수한 환경적 혜택뿐만 아니라 소비자가 브랜드를 통해 얻고자 하는 다양한 혜택(benefits)을 여러 관점에서 이해하고 이를 광고·마케팅 전략에 적극 활용해야 할 필요가 있다고 한다(Khare, A., 2019; Lin et al., 2017; Lundblad & Davies, 2016). 따라서 여기에서는 인스타그램(Instagram)에서 소비자가 인지한 환경 지속가능한 브랜드의 여러 가지 혜택이 구매에 미치는 영향과 이 관계에서 '관계 몰입도(relationship commitment)'의 매개 역할을 알아본 한 설문 연구 결과를 간략하게 소개한다(Choi & Ahn, 2021).

이 연구는 사회교환이론(social exchange theory)을 사용하여 소비자가 브랜드와 관계를 형성하고 지속시켜 나가며 결국 구매로 연결되는 심리를 설명했다. 사회교환이론은 개인과 개인의 관계를 교환, 즉 주고받기의 과정으로 해석하고 있다(Homans, 1958). 이 이론에 따르면 개인은 대인 관계에서 발생하는 잠재적 교환에서 기대할 수 있는 가치를 평가하고 이를 관계 형성의 바탕으로 사용한다고 설명한다.

이러한 과정에서 혜택(benefits)이 비용(costs)보다 크다고 판단되면 그 관계 가치는 더 높게 평가되고 이를 계속적으로 유지하고자 한다. 사회교환이론은 대인 관계에서 더 나아가 소비자와 브랜드의 관계를 설명하는 데도 사용되고 있다. 기존 소비자 연구 문헌에서는 소비자와 브랜드 간의 관계 또한 다양한 비용과 혜택의 상호 작용으로 이루어지고, 이를 기반으로 관계가 형성되고 장기적인 관계를 가지려는 성향을 보인다고 밝혀 왔다(Fournier, 1998).

인스타그램 브랜드 맥락에서 예를 들자면, 개인이 브랜드의 공식 인스타그램 계정을 찾아서 팔로우(follow)를 하는 시간적 비용이 들었지만, 쿠폰을 받는다거나 특정 정보를 받게 되는 경우가 있다. 이 때 브랜드로부터 받는 혜택이 본인이 들인 시간 비용보다 더 크다고 생각된다면 이 브랜드와의 관계 가치를 높게 평가하고 이를 지속해 가고자 할 것이다. 쿠폰이 예시로 사용되었지만, 사회적 교환에서 이야기하는 비용과 혜택은 물질적·경제적인 것과 더불어 심리적 차원, 예를 들면 존경심, 애정, 뿌듯함, 자부심, 정신적 노력, 시간 등과 같은 개념들도 모두 포함한다(Ma et al., 2021).

이러한 사회교환이론을 기반으로 한 소비자 연구 문헌에서는 소비자가 인지하는 다양한 혜택과 함께 관계 몰입도(relationship commitment)를 지속적 관계 형성 및 소비자 행동에 영향을 미치는 중요한 구성 요소로 보고 있다. 관련 연구들은 브랜드가 주는 혜택이 좋다고 소비자가 느낄수록 그 브랜드와의 관계 몰입도가 더 높아지는 것을 확인했다(Zhao et al., 2017). 또한, 브랜드가 주는 혜택이 높다고 인지되었을 때 구매와 구전(word-of-mouth) 의도가 높아졌다(Khare, 2019; Ma et al., 2020)

소비자-브랜드 관계 관점에서의 브랜드 혜택이란 소비자가 브랜드 속성과 제품 및 서비스를 기반으로 인지하고 있는 제품의 기능적 혜택을 넘어서 브랜드가 제공해 줄 수 있는 상징적, 사회적, 감정적 혜택 등으로 설명될 수 있다(Nagar, 2015; Orth et al., 2004). 브랜드가 소비자에게 제공할 수 있는 혜택은 다양하지만 친환경 패션 브랜드 관련 기존 문헌은 단일적인 인지된 혜택을 알아보는데 그치고 있다(Copeland & Bhaduri, 2020; Khare, 2019). 따라서 이 연구에서는 기존의 지속가능성, 패션 브랜드, 그리고 소셜 미디어 관련 참고문헌에서 언급된 혜택들 중 연관성이 큰 다섯 가지 혜택에 중점을 두고 설문 연구를 시행했다. 이 연구에서 살펴본 다섯 가지의 혜택에 대한 간략한 설명은 다음과 같다.

- 자기표현 혜택(Self-expression benefit)은 소비자가 브랜드를 통해 개인의 자아, 성격, 가치, 자아이미지 등을 표현할 수 있는 정도를 말한다(Hartmann & Apaolaza-Ibáñez, 2012). 이 연구의 맥락에서 살펴보자면, 지속가능한 패션 브랜드를 인스타그램에서 팔로우(follow)하고 좋아요를 누르고 친구를 태그(tag)하는 등의 활동은 내가 어떠한 사람이고 어떠한 가치를 추구하는 사람인지 보여줄 수 있는 쉽고 효과적인 방법이 될 수 있을 것이다.
- 사회적 혜택(Social benefit)은 특정 브랜드를 통해 소비자의 긍정적인 사회적 이미지를 만들고 표현할 수 있는 정도를 말한다(Wallace et al., 2014). 지속가능한 브랜드의 팔로어(follower)가 되고 친환경적 의류를 착용함으로써 다른 사람들에게 긍정적인 이미지를 만들고 사회적으로 호감 가는 사람으로 표현할 수 있는 것을 예로 들 수 있다.
- 따뜻한 빛 효과(Warm glow benefit)는 정서적 보상을 개념화한 것으로 인스타그램에서 지속가능한 패션 브랜드를 통해 환경 보호에 기여했다는 정서적 만족감과 자아의 내적 가치를 느낄 수 있는 정도를 말한다(Hartmann & Apaolaza-Ibáñez, 2012). 버려진 플라스틱을 재활용해서 만든 티셔츠를 구매함으로써 지구 환경에 도움이 되는 소비를 했다는 생각에 스스로 기분이 좋아지고 행복감과 내적 칭찬을 경험한

다면 따뜻한 빛 효과가 있다고 말할 수 있다.

- 환경적 혜택(Green benefit)은 브랜드가 전달하는 환경적 속성과 가치의 정도를 말한다(Nagar, 2015). 다시 말해 소비자가 생각하기에 인스타그램 지속가능한 패션 브랜드가 얼마만큼 환경적 책임감을 보이고 친환경적인 패션 의류들을 제공하고 있는지를 판단하는 정도이다.
- 경제적 혜택(Economic benefit)은 브랜드가 제공하는 금전 및 경제 관련 혜택의 가치 정도를 말한다(Ma et al., 2021). 인스타그램 브랜드에서의 경제적 혜택의 예시로는 팔로어(follower)에게만 제공되는 세일 쿠폰, 다른 소비자들보다 빠른 정보 획득, 브랜드와의 빠른 의사소통을 통한 문제 해결과 시간 절약 등을 들 수 있다.

위의 다섯 가지 혜택과 구매 의도와의 관계를 알아보고 브랜드 관계 몰입도의 매개 역할을 알아보기 위해 미국 소비자를 대상으로 설문조사를 실시하였다. 현재 인스타그램 사용자이며 지속가능한 패션 브랜드의 팔로어인 조건에 해당하는 사람들만 참여하도록 설문을 구성하였고, 총 491명이 설문조사에 참여하였다.

인스타그램 지속가능한 패션 브랜드의 혜택과 구매 의도와의 관계를 알아보기 위해 위계적 선형 회귀 분석을 실시하였고 인스타그램 포스팅 빈도, 인스타그램 사용 기간, 성별, 환경문제에 대한 우려정도, 그리고 패션에 대한 관심정도를 통제 변수로 사용하였다. 그 결과는 따뜻한 빛 효과와 환경적 혜택이 구매 의도를 높이는 것으로 나타났다. 자기표현 혜택, 사회적 혜택, 그리고 경제적 혜택은 유의미하지 않은 것으로 나타났다. 다섯 가지 혜택과 관계 몰입도의 관계 또한 위계적 선형 회귀 분석을 통해 확인한 결과, 자기표현 혜택, 사회적 혜택, 따뜻한 빛 효과, 그리고 경제적 혜택은 더 높은 관계 몰입도를 보였고, 환경적 혜택은 더 낮은 관계 몰입도를 보인다는 것을 알 수 있었다.

관계 몰입도의 매개 역할을 알아보기 위해 프로세스 매크로(PROCESS macro)를 이용한 매개 분석을 실시하였다. 그 결과 관계 몰입도는 환경적 혜택을 제외한 모든 네 가지 혜택—자기표현 혜택, 사회적 혜택, 따뜻한 빛 효과, 경제적 혜택—이 구매 의도에 영향을 미치는 관계에서 통계적으로 유의미한 매개효과를 가지고 있음이 확인되었다.

이 연구는 환경 관련 소비자연구에서 각각 다루어지던 브랜드의 사회심리적 혜택 다섯 가지를 함께 살펴봄으로써 지속가능한 패션 브랜드의 따뜻한 빛 효과와 환경적 혜택이 구매 의도와 정적인 관계가 있음을 밝혔다. 브랜드 관계 측면에서도 흥미로운 결과를 확인할 수 있었다. 자기표현 혜택, 사회적 혜택, 따뜻한 빛 효과, 그리고 경제적 혜택이 인지된 경우에는 더 높은 브랜드 관계 몰입도를 보이는 것으로 드러난 반면, 브랜드의 환경적 혜택은 오히려 더 낮은 관계 몰입도를 보이는 것을 알 수 있었다. 또한, 자기표현 혜택, 사회적 혜택, 따뜻한 빛 효과, 경제적 혜택을 느낀 소비자들은 더욱 그 브랜드와의 관계에 몰입하고자 함을 알 수 있었고, 이는 결국 구매 의사로 이어진다는 것을 확인할 수 있었다.

이러한 결과는 인스타그램과 환경 지속가능한 패션 브랜드라는 컨텍스트에서 브랜드 관계를 구축하고 지속가능한 소비를 이끌기 위해서는 심리, 정서, 경제적인 다양한 측면의 혜택 제공이 필요하다는 점을 강조한다. 또한 주목해야 할 점은, 환경 지속가능성을 실천하는 패션 브랜드이지만 소비자가 인지한 브랜드의 환경적 혜택은 오히려 더 낮은 관계 몰입도를 보였다는 것이다. 이는 소셜미디어 광고·마케팅을 계획하고 실행하는 브랜드 마케터들이 놓쳐서는 안 되는 부분이다. 이러한 결과는 나아가 패션 브랜드가 얼마나 진정성 있게 환경 지속가능성을 실천하고 이를 소비자에게 효과적으로 전달하는가에 대한 질문을 던졌다고 할 수 있다. 이 연구에서 얻어진 결과는 인스타그램을 사용하는 지속가능한 패션 브랜드에게 소비자를 더 잘 이해하는 데 도움을 주고 소비자와의 장기적인 관계 구축 및 패션업계에서의 지속가능한 소비 환경을 조성하는 데 있어 다양한 브랜드 혜택의 중요성에 대한 시사점을 제공한다.

참고문헌

Bruntland, G. (1987). Our common future. *The World Commission on Environment 1 and Development*, 45-65.

Burberry. (April 22, 2020). Burberry launches 'reburberry edit' made from innovative materials, and global roll out of sustainable product labelling. Retrieved from https://www.burberryplc.com/en/news/corporate/2020/burberry-launches--reburberry-edit--made-from-innovative-materia.html

Choi, T. R., & Ahn, J. (2021). Benefits of sustainable fashion brands on Instagram: the mediating role of relationship commitment. Manuscript submitted for publication.

Copeland, L., & Bhaduri, G. (2020). Consumer relationship with pro-environmental apparel brands: effect of knowledge, skepticism and brand familiarity. *Journal of Product & Brand Management*, 29/1, 1-14.

Fournier, S. (1998). Consumers and their brands: Developing relationship theory in consumer research. *Journal of Consumer Research*, 24(March), 343-373.

Funk, C., & Kennedy, B. (2020). How Americans see climate change and the environment in 7 charts. *Pew Research Center*. Retrieved from https://www.pewresearch.org/fact-tank/2020/04/21/how-americans-see-climate-change-and-the-environment-in-7-charts/

Khare, A. Green apparel buying: role of past behavior, knowledge and peer influence in the assessment of green apparel perceived benefits. *Journal of International Consumer Marketing*, 1 17.

Haller, K., Lee, J., & Cheung, J. (2020). Research Insights – Meet the 2020 consumers driving change: why brands mush deliver on omnipresence, agility, and sustainability. *IBM Institute for Business Value*.

Hartmann, P., & Apaolaza-Ibáñez, V. (2012). Consumer attitude and purchase intention toward green energy brands. the roles of psychological benefits and environmental concern. *Journal of Business Research*, 65(9), 1254-1263.

Homans, G. C. (1958). Social behavior as exchange. *American Journal of Sociology*, 63(6), 597-606.

Jackson, T., & Michaelis, L. (2003). Policies for sustainable consumption: A report to the sustainable development commission. *Sustainable Development Commission*, London.

Lin, J., Lobo, A., & Leckie, C. (2017). The role of benefits and transparency in shaping consumers' green perceived value, self-brand connection and brand loyalty. *Journal of Retailing and Consumer Services*, 35, 133-141.

Lundblad, L., & Davies, I. A. (2016). The values and motivations behind sustainable fashion consumption. *Journal of Consumer Behaviour*, 15, 149-162.

Ma, L., Seydel, J., Zhang, X., & Ding, X. Y. (2021). Users' recommendation intentions for shared bike services: a social exchange theory perspective. *International Journal of Sustainable Transportation*, 15(1), 1-10.

Nagar, K. (2015). Modeling the effects of green advertising on brand image: investigating the moderating effects of product involvement using structural equation. *Journal of Global Marketing*, 28, 152-171.

Orth, U. R., McDaniel, M., Shellhammer, T., & Lopetcharat, K. (2004). Promoting brand benefits: the role of consumer psychograhpics and lifestyle. *The Journal of Consumer Marketing*, 21(2/3), 97-108.

Patagonia (2021). Why recycled? Retrieved from https://www.patagonia.com.au/pages/why-recycle

Pandit, P., Ahmed, S., Singha, K., & Shrivastava, S. (Eds). (2020). *Recycling from waste in fashion and textiles: A sustainable & circular economic approach*. Wiley-Scrivener publishing.

PRADA Group (2020). Sustainability/Environment: PRADA RE-NYLON. Retrieved from https://www.pradagroup.com/en/sustainability/environment-csr/prada-re-nylon.html

Ralph Lauren Corporation (April 14, 2021). Ralph Lauren debuts team USA's closing ceremony parade uniform and apparel collection, featuring first-to-market innovations in sustainability. Retrieved from https://corporate.ralphlauren.com/pr_210414_OlympicsClosingCeremony.html

UNEP. (2001). Consumption opportunities: strategies for change. *Paris: United Nations Environment Programme.*

Wallace, E., Buil, I., & de Chernatony, L. (2014). Consumer engagement with self-expressive brands: brand love and WOM outcomes. *Journal of Product & Brand Management*, 23(1), 33-42.

Zhao, Q., Chen, C., Wang. J., & Chen, P. (2017). Determinants of backers' funding intention in crowdfunding: Social exchange theory and regulatory focus. *Telematics and Informatics*, 34, 370-384.

지속가능 발전 포털 (December 1, 2015). 지속가능발전법 1장 2조. Retrieved from http://ncsd.go.kr/law

P A R T

02

지속가능한 소비의 유형 분류

Chapter
03

지속가능한 소비와 지속가능한 트렌드

| 제 1 절 |

SDGs부터 ESG까지 제기되어 온 문제 : 모호성과 실천 가능성

지속가능성(sustainability)에 대한 논의는 일찍이 1987년 UNEP와 WCED의 브룬트란트 보고서(Brundtland Report)를 토대로 본격화되었지만 전 세계 국가와 기업 등이 나아가야 할 방향성을 세부적인 목표로 제시한 시점은 2015년 UN의 지속가능 발전 목표(Sustainable Development Goals, SDGs)라고 할 수 있다(Mariño & Banga, 2016). 지속가능 발전 목표는 환경문제뿐만 아니라 경제 및 사회문제(기술, 주거, 노사, 고용, 생산 및 소비, 사회구조, 법, 대내외 경제 등)와 인류의 보편적 문제(빈곤, 질병, 교육, 성평등, 난민, 분쟁 등)까지 총 17가지 목표를 두고 있을 정도로 광범위하다. 하지만 이 목표들은 너무 다양한 영역에 걸쳐 있고 단일 주체의 노력과 관리만으로 달성하기 힘들며, 목표별로 정부, 기업, 그리고 시민까지 다양한 그룹의 협력을 필요로 한다는 점에서 실천 가능성에 대한 문제 제기가 꾸준히 있어 왔다(이혜원, 2019).

그래서 최근 등장한 개념이 ESG(Environment, Social, Governance)이다. ESG는 지속가능 발전 목표 중 특히, 환경, 사회, 지배구조에 집중하고자 한다. 하지만 ESG는 아직까지 확실하게 정립된 개념이 없어 여전히 기업의 사회적 책임(corporate social responsibility, CSR), 친환경, 윤리적 소비, 착한 소비 등과 혼재되어 있고, 이를 적용하고자 하는 기업에게 혼란을 가중시키고 있다(한국경제, 2021.7.12). 실제로 전국경제인연합회에서 실시한 '500대 기업 ESG 준비실태 및 인식조사'에 따르면 ESG 전략 수립이 어려운 이유로 응답자의 29.7%가 'ESG의 모호한 범위와 개념'을 꼽았다. 그리고 자사 사업과 낮은 연관성(19.8%), 기관마다 상이한 ESG 평가방식(17.8%), 추가비용 초래(17.8%), 지나치게 빠른 ESG 규제도입 속도(11.9%) 등이 함께 거론되었다(전국경제인연합회, 2021).

게다가 이런 혼란으로 인해 정부 규제를 피하기 위한 '무늬만 ESG', 기업의 위장 환경주의를 뜻하는 '그린 워싱(green washing)'까지 문제로 대두되고 있다(한겨레, 2021.7.18). 더불어 ESG는 정부가 강제하고 기업이 어쩔 수 없이 따르는 탑다운(top-down) 커뮤니케이션의 문제점을 갖고, 결국 소비자 접점에서 저변이 확대되거나 실제 소비자 행동의 변화를 일으키는 등의 반향을 일으키기 어렵다는 한계를 보인다(한국경제, 2021.6.20). 한편으로는 쿠팡의 물류센터 화재 사고처럼 경영 활동이 ESG 기준에 위배될 경우 쿠팡 불매 운동처럼 부정적인 소비자 행동으로 연결될 수는 있지만 ESG 가치를 실천한다고 해서 그것이 반드시 실질적인 소비자 행동, 즉 구매로 이어질 것이라는 효과에 대해서는 아직 제대로 검증되지 않은 것이 사실이다.

| 제 2 절 |

구체적이고 실천할 수 있는 지속가능한 트렌드

지속가능 발전 목표와 ESG는 미래의 지구 환경을 생각한다면 장기적으로 지향해야 할 가치인 것은 분명하다. 2050년까지 전 세계 인구는 100억 명을 넘길 것이고 그 인구의 70%가 도시에 거주할 것으로 예상되며(UN, 2018), ESG와 관련된 각종 법적 규제까지 뒤따르는 상황에서 지속가능성은 피할 수 없는 주제이기 때문이다. 하지만 매년 가시적인 성과를 달성하면서 미래를 대비해야 하는 기업과 현재를 살아가야 하는 소비자 입장에서는 보다 현실적이고 실천 가능한 목표와 행동이 더욱 중요하다.

따라서 필자는 무엇보다 '트렌드(trend)'에 주목해보고자 한다. 트렌드란 과거와 구별되는 의식과 행동의 변화 양상 또는 방향성으로 대략 3~5년의 지속성을 갖는다(이은영, 주경희, 이두희, 2019). 그렇기 때문에 상대적으로 구체적이고 현실적이다. 특히, 트렌드는 다양한 소비문화와 소비자 행동을 바탕으로 형성되고 정의되기 때문에 소비자 저변에서 바텀업(bottom-up)으로 관찰될 수 있고, 이를 바탕으로 소비자 행동을 예측하는 데에 중요한 밑거름이 될 수 있다(남승규, 2006).

한편 코로나19 발생 이후 지금까지 많은 트렌드가 언급되었지만 대부분의 트렌드는 당장 1년의 전망에 그치는, 매우 근시안적인 시각에서 제안되어 왔다. 그렇기 때문에 트렌드 자체가 지속가능성을 띄기 어려웠다. 따라서 보다 지속가능한 소비에 초점을 맞춘 지속가능한 트렌드에 대해 새로운 시각에서 논의해볼 필요가 있다. 여기서 지속가능한 트렌드란 최소 3년 이상 지속될 흐름으로 소비자 의식과 행동으로부터의 변화를 반영하고 있기 때문에 구체적이고 현장에 적용가능하다는 특징을 갖는다(BASF, 2018). 그래서 지속가능한 트렌드는 친환경, 윤리적 소비에 주로 천착되어 있는 ESG 가치에 확장된 시각을 더해줄 수 있다.

지속가능한 트렌드는 지속가능성에 대한 개념과 함께 그동안 꾸준히 논의되어 왔다. 그중에서도 글로벌 회계·컨설팅기업 KPMG의 '지속가능성 보고 조사(Survey of Sustainability Reporting)', 글로벌 환경 컨설팅기업 ERM의 '지속가능성 트렌드 보고서(Sustainability Trends Report)' 등에서 구체적으로 언급되어 왔다. 이와 더불어 최근 주목할 만한 연구가 진행되었는데, 그것은 글로벌 경영 컨설팅기업 A. T. Kearney, 지속가능 경영 컨설팅기업 Sustainable Natives, 그리고 지속가능성 컨설팅기업 Impact Hub Berlin이 공동 연구한 '지속가능한 비즈니스 트렌드(Sustainable Business Trends)'이다.

이 연구는 기업들이 지속가능한 변화를 주도할 만큼 충분히 영향력 있는 트렌드와 실천방안을 식별하는 데에 중점을 두었다. 이를 위해 먼저 학계, 연구소, 그리고 시장 전문가의 900개 이상의 선행연구를 바탕으로 7개 산업에서 약 70개의 트렌드를 선별하였다. 7개 산업은 소비재 및 리테일, 하이테크 및 전자 기술, 자동차 및 운송, 엔지니어링 및 건설, 농업 및 식품, 제약 및 건강, 에너지 및 유틸리티 등으로 소비자와 밀접한 비즈니스 영역으로 엄선되었다. 그리고 이렇게 선별된 트렌드를 바탕으로 전 세계의 지속가능성 전문가와 실무자들에게 특정 산업에서 2030년까지 약 10년 동안 지속가능한 변화를 주도할 트렌드는 무엇인지, 이러한 트렌드에 대응하기 위해 기업은 어떤 행동에 나서야 하는지에 대한 설문조사를 실시하였다. 구체적으로 480명 이상이 설문조사에 참여하였고 30명 이상이 전문가 인터뷰에 응하여, 9,000개 이상의 데이터가 수집되었다. 그 결과 7개 산업에서 각각 상위 5개의 트렌드가 확인되었고, 그것이 지속가능한 트렌드에 대한 실마리를 제공하고 있다.

따라서 필자는 다수의 선행연구와 구체적인 설문조사, 그리고 전문가 피드백이 잘 반영된 '지속가능한 비즈니스 트렌드' 연구를 바탕으로 한국 현실에 맞는 지속가능한 트렌드를 제안하고자 한다. 특히, 7개 산업의 상위 5개 지속가능한 트렌드 중에서 광고 및 마케팅 환경에 적용할 수 있는 트렌드에 집중하였고, 그에 대한 최근 사례를 바탕으로 지속가능한 트렌드를 현재 실무에 적용할 수 있는 가능성을 열어두었다. 그렇기 때문에 광고 및 마케팅 전략을 수립할 때 ESG와 함께 지속가능한 트렌드를 함께 고려한다면 보다 구체적이고 실천할 수 있는 실천방안을 마련할 수 있을 것이다.

[그림 3 - 1] 7개 산업의 약 70개 지속가능한 트렌드

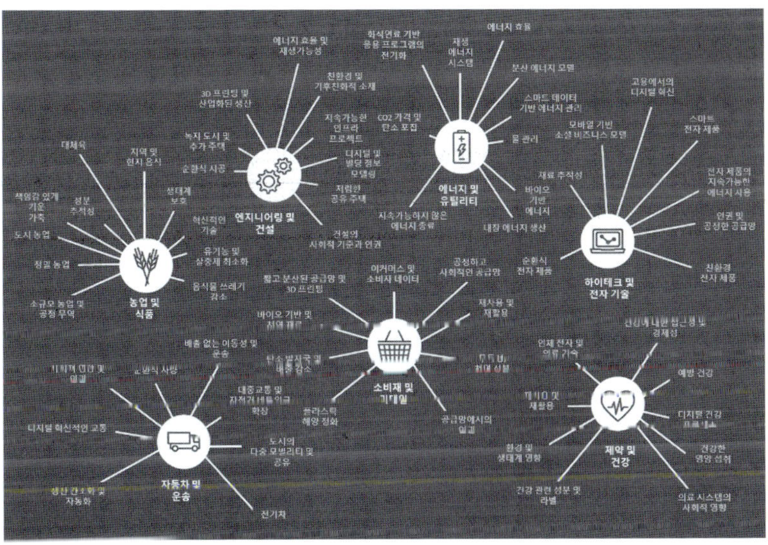

출처: BASF, 2018, p.8

| 제3절 |

7개 산업의 지속가능한 트렌드

1. 소비재 및 리테일 산업

소비재 및 리테일 산업에서는 이커머스(E-commerce) 및 소비자 데이터(80%)에 주목할 필요가 있다. 즉, 설문조사에 참여한 전 세계의 지속가능성 전문가와 실무자들 약 500여 명 중 80%가 소비재 및 리테일 산업 중 이커머스 및 소비자 데이터를 우선적으로 지속가능한 트렌드로 꼽았다는 뜻이다. 이는 다른 산업에서의 결과에도 동일하게 적용된다. 우선 이커머스가 리테일 산업에서 주류로 자리잡아가고 있는 것에는 이론의 여지가 없는데, 그보다 이커머스가 지속가능한 소비에 지대한 기여를 하고 있는 점을 짚고 넘어가야 한다. 즉, 이커머스는 오프라인 유통과 달리 제품의 진열 공간, 재고 창고, 물류 등에 있어서 재원을 효율화했을 뿐만

[그림 3-2] 소비재 및 리테일 산업의 5가지 지속가능한 트렌드

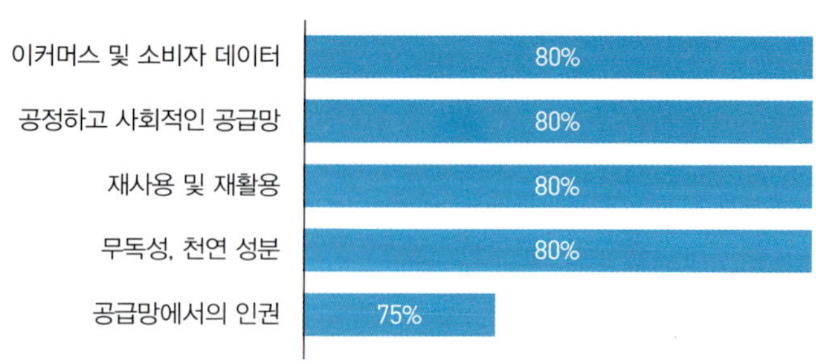

출처: BASF, 2018, p.9

아니라 소비자 접근성과 도달 범위를 극대화하여 보다 많은 사람들이 더욱 쉽게 제품을 접할 수 있도록 하였다. 그렇기 때문에 이커머스는 오프라인 유통보다 ESG 가치에 더욱 가깝고, 지속가능한 소비를 가능하게 하였다.

그런 이커머스가 지속가능한 소비에서 나아가 지속가능한 트렌드로 자리잡기 위해서는 소비자 데이터를 어떻게 활용하느냐에 달려 있다. 즉, 여러 유통경로를 통해 확보된 소비자 데이터가 보다 폭넓게 활용되어야 소비를 지속시키고 새로운 비즈니스 기회를 창출할 수 있기 때문이다. 그런 관점에서 소비자 데이터, 즉 빅데이터를 통해 초개인화된 추천 서비스만을 제공하는 것은 소비자 데이터를 온전히 활용하고 있다고 보기 어렵다. 지속가능한 트렌드로서의 소비자 데이터는 풀 퍼널 마케팅 프로세스(full funnel marketing process)에 소비자 데이터를 적극적으로 활용한다는 뜻이기 때문이다. 구체적으로 다양한 방법으로 수집된 소비자 데이터를 제품 개발에 활용하고, 그렇게 개발된 제품의 유통과 마케팅 과정에까지 소비자 데이터를 적용해야 한다. 다시 말해 지금까지는 유통채널에서 주로 소비자 데이터를 수집하고 브랜드가 자체 방식으로 제품을 개발하며, 광고대행사가 그에 대한 광고와 마케팅 전반을 책임지는 역할을 수행해 왔지만 소비자 데이터를 활용한 풀 퍼널 마케팅 프로세스에서는 이 모든 과정이 하나로 연결되어야 함을 시사한다.

"소비자 데이터를 제품 개발과 유통, 광고, 마케팅까지 연결하라"

예를 들어 제일기획이 '제삼기획'과 '겟트', 이노션이 '오지랩' 등 이커머스 플랫폼을 운영하며 소비자 반응을 살피고 그에 따라 신제품을 론칭함과 동시에 다양한 콘텐츠화 협업하는 과정에 자연스럽게 PPL을 시도

[그림 3-3] 제일기획의 '제삼기획', 이노션의 '오지랩'

출처: 제삼기획 홈페이지(좌), 오지랩 홈페이지(우)

하는 일련의 과정이 지속가능한 트렌드로 자리잡고 있는 것이다. 사실 이런 시도는 퍼포먼스 마케팅으로 유명한 에코마케팅으로부터 가시적인 성과가 나타났다고 볼 수 있다. 에코마케팅은 자체 알고리즘으로 파악한 소비자 데이터를 활용해 자회사 데일리앤코를 통해서 마사지 브랜드 클럭(KLUG), 매트리스 브랜드 몽제(MONGZE), 뷰티 브랜드 유리카(YURICA) 등을 론칭하였고, 이런 프로세스를 통해 데일리앤코는 2020년 매출액 약 1,210억원을 달성한 것이다(매경이코노미, 2021.3.6).

이는 비단 이커머스만의 영역이 아니다. 미국의 신개념 오프라인 매장 베타(b8ta)의 경우 제품들을 만져보거나 체험해보고 실제로 제품을 구입하는 소비자의 행동과 관련한 데이터를 제조사들에게 전달한다. 이 소비자 데이터는 제조사가 타깃 고객들에게 보다 더 적합한 마케팅 메시지를 전송하고 프로모션을 기획하는 데 활용된다. 그리고 그 과정을 통해 개선된 제품들이 다시 매장에 비치되고 지속적인 소비자의 구매를 이끈다. 결과적으로 베타에는 한 달 평균 최고 2만 5천 명 이상의 소비자가 유입되고 있고, 이런 성과를 바탕으로 2020년 8월 일본 두 곳에 매장 오픈을 이어가고 있다(PR TIMES, 2021.7.15).

또한 글로벌 경영 컨설팅기업 맥킨지(McKinsey & Company)는 미국에 모

[그림 3-4] 베타

출처: 베타 홈페이지

던 리테일 컬렉티브(Modern Retail Collective) 매장을 열었다. 맥킨지가 이 매장을 연 이유는 각종 기술과 브랜드 제품을 테스트하는 실험실로 사용하기 위해서이다. 즉, 매장 내에서 소비자들이 어떤 기술을 활용해 정보를 탐색하고 어떤 행동을 통해 어떤 제품을 구매하는지 확인하기 위한 것이다. 맥킨지는 여기서 얻은 데이터 솔루션을 제조사들에게 알려주고 그 내용을 바탕으로 입점 브랜드와 인테리어를 3~4개월에 한 번씩 리뉴얼하기도 한다(CBS News, 2019.9.26).

결국 소비자 데이터 활용은 불필요한 제품 개발과 생산을 사전에 줄일 수 있고, 재고 및 물류 관리까지 효율화할 수 있기 때문에 기업 입장에서 재원 낭비를 최소화할 수 있게 한다. 소비자 입장에서도 소비자의 선택과 행동이 반영된 제품들이 출시됐을 때 만족도를 더욱 높일 수 있고 보다 오래 사용함으로써 불필요한 소비를 줄일 수 있게 되는 것이다. 흥미로운 것은 이런 선순환을 통한 생산과 소비과정이 트렌드로 지속되면 처치가 곤란한 제품들에 대한 재사용과 재활용에 대한 이슈까지 줄일 수 있다는 점이다. 이커머스 플랫폼과 온오프라인을 통해 수집된 소비자 데이터의 풀 퍼널(full funnel) 활용, 그것이 지속가능한 트렌드의 시작이다.

2. 하이테크 및 전자 기술 산업

하이테크 및 전자 기술 산업에서 모바일 기반 소셜 비즈니스 모델(75%)이 지속가능한 트렌드로서 가장 높은 지지를 받은 이유는 '접근성과 확장성' 때문이다. 지속가능 발전 목표와 ESG가 그렇듯 지속가능성에서의 최우선 가치 중 하나는 보다 많은 사람들이 보다 쉽게 기술의 혜택을 누리고, 그에 따라 선한 영향력이 확산되는 것이다. 그런 점에서 모바일 기반 소셜 비즈니스 모델은 그 가치를 충족시켜줄 수 있다. 왜냐하면 스마트폰 보급률이 전 세계 약 45%, 한국 약 95%에 이르면서 소셜 비즈니스 플랫폼 사용이 보편화되었고(Pew Research, 2019), 이를 바탕으로 많은 정보와 지식, 가치가 널리 확산될 수 있기 때문이다(Naeem, 2019).

그런 소셜 비즈니스 플랫폼 형태 중 최근 지속가능한 트렌드로서 주목받고 있는 것이 메타버스(metaverse)이다. 메타버스는 현실세계를 그대로 가상세계에 옮겨 놓은 것으로서 사용자가 아바타를 통해 가상의 공간에

[그림 3-5] 하이테크 및 전자 기술 산업의 5가지 지속가능한 트렌드

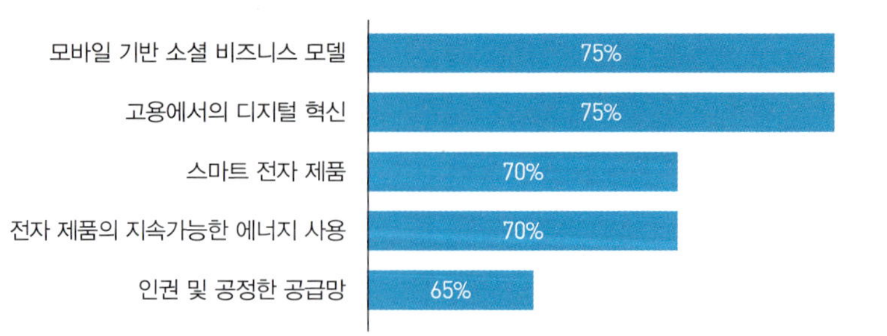

출처: BASF, 2018, p.9

서 다양한 활동과 커뮤니티를 즐기는 것이 가능하다. 특히, 스마트폰 등 IT 디바이스만 있으면 누구나 언제, 어디서든 가상세계에 접속할 수 있고, 다양한 교류를 통해 정보를 공유할 수 있기 때문에 메타버스는 기업 입장에서 많은 비즈니스 기회를 창출함과 동시에 재원의 낭비를 줄일 수 있다. 더불어 소비자 역시 메타버스를 통해 실제 쇼핑과 유사한 구매행위를 경험할 수 있기 때문에 대체만족을 누릴 수 있다.

"메타버스를 통해 제품의 시장성을 테스팅하고,
실시간으로 그리고 지속적으로 보완하라"

메타버스의 가장 큰 특징은 '현실복제'와 '현실초월'이 동시에 존재한다는 것이다. 즉, 현실에서의 활동이 모두 가능함과 동시에 현실 이상의 경험을 할 수 있는 것이 메타버스로, 경험가치의 고도화가 가능하다(이병권, 2021). 그리고 메타버스는 목적에 따라 3가지 유형, 즉, 생활·산업기반 메타버스, 게임기반 메타버스, 소셜 기반 메타버스 등으로 분류되는데, 이 중에서 비즈니스적으로 가장 주목받고 있는 것이 제페토(ZEPETO)를 중심으로 한 소셜 기반 메타버스이다. 그래서 다수의 기업들은 메타버스 플랫폼에 편입, 오프라인 공간을 메타버스에 복제, 그리고 새로운 메타버스 플랫폼을 구현하는 등 다각도로 메타버스를 활용하고 있다.

먼저 메타버스 플랫폼에 편입하는 것은 게임기반 또는 소셜 기반 메타버스 플랫폼과 협업하여 플랫폼 내에서 다양한 마케팅 활동을 진행하는 것으로 가장 많은 기업들이 메타버스를 활용하는 방식이다. 발렌티노와 동물의 숲, 나이키와 포트나이트, 구찌와 제페토, IKEA와 동물의 숲 등을 그 예로 들 수 있다. 또한 오프라인 공간을 메타버스에 복제하는 것은 꾸준히 시도되고 있는 방법으로 최근 기술 비용의 절감으로 향후 활

[그림 3-6] IKEA가 동물의 숲과 협업한 디지털 카탈로그

출처: Clio Awards 홈페이지

용 사례가 늘어날 것으로 전망되고 있다. 예를 들어 일본 이세탄백화점의 Rev Worlds, 현대백화점의 VR 판교랜드, 알리바바의 VR Shopping이 그것이다. 마지막으로 새로운 메타버스를 구현하는 것은 오프라인 공간을 메타버스로 옮기되 별도의 공간 디자인으로 새로운 메타버스를 창조하는 것으로 디즈니의 플레이 디즈니 파크(Play Disney Parks)가 대표적이다.

이렇게 메타버스를 활용하는 것은 기업 입장에서 신제품의 테스팅 마켓으로 메타버스를 활용함으로써 비용을 절감할 수 있다는 장점이 있다. 패션, 가구, 심지어 주택업계가 제페토와 로블록스 등을 활용하여 새로운 디자인을 선보이고, 그에 따른 소비자 반응을 바탕으로 실제 제품 론칭까지 이어지고 있는 것이다. 이 역시 소비재 및 리테일 산업의 이커머스 및 소비자 데이터 트렌드와 마찬가지로 불필요한 제품의 생산과 낭비를 줄일 수 있다는 점에서 지속가능한 소비를 지향하고 있다고 볼 수 있다.

또한 메타버스에서의 광고 및 마케팅 역시 기존과 다른 프로세스를 바탕으로 효율과 효과를 극대화할 수 있다. 즉, 기존 광고 프로세스에 따른다면 복잡한 광고 제작과정을 거쳐야 하고, 한번 제작된 광고는 수정의 여지가 거의 없지만 제페토와 로블록스 등의 메타버스 플랫폼은 누구나 쉽게 디자인에 참여할 수 있는 디지털 스튜디오를 공개하고 있어 쉬운 광고 제작을 돕는다. 특히, 실시간으로 소비자의 피드백을 받아볼 수 있기 때문에 큰 추가비용 없이 광고의 수정과 보완이 가능하다.

마지막으로 메타버스는 커뮤니티의 기능을 갖는데, 유사한 취향과 속성을 바탕으로 메타버스 사용자들끼리 커뮤니티 활동을 할 수 있기 때문에 기업입장에서 타기팅하기가 매우 용이하다. 예를 들어 동물의 숲에는 각기 다른 속성을 지닌 '마을'이 존재하고, 그 마을의 속성을 따르는 사용자가 모이게 되는데, 이를 바탕으로 각 기업과 브랜드가 추구하는 마을을 선택해서 타깃 마케팅을 할 수 있다는 것이다.

이렇듯 메타버스를 중심으로 한 모바일 기반 소셜 비즈니스 모델이 무엇보다 지속가능한 트렌드인 이유는 메타버스의 주 사용자가 10대에 몰려 있다는 점에 있다. 메타버스를 잘 활용한다면 기업 입장에서 앞으로 소비 시장에 주류로 자리잡게 될 10대들을 대상으로 인지도와 호감도를 미리 높일 수 있다. 반대로 소비자 입장에서는 메타버스와 같은 가상세계를 통해 다양한 간접 체험을 함으로써 소비에 있어서 많은 시행착오를 줄일 수 있다. 결국 메타버스는 기업과 소비자 입장에서 있을 수 있는 시행착오를 줄임으로써 생산과 소비의 효율화를 추구할 수 있고, 잠재 고객과 수요를 창출할 수 있다는 점에서 지속가능한 트렌드로서의 가치를 지닌다.

3. 자동차 및 운송 산업

자동차 및 운송 산업의 5가지 지속가능한 트렌드를 살펴보면 공통적으로 도시에서의 모빌리티 연결성에 초점이 맞춰져 있다는 것을 알 수 있다. 즉, 2050년까지 전 세계 인구가 100억 명을 넘길 것이고 그 인구의 70%가 도시에 거주할 것이기 때문에 지속가능한 이동성과 운송력을 활성화시키기 위해서는 자동차 및 운송 산업의 근본적인 변화가 필요하다는 것이다. 그 변화의 핵심은 자동차를 활용한 다양한 활동가능성이다. 즉, 코로나19로 인해 비대면 일상이 지속되면서 안전한 사적 공간으로 자동차가 주목받기 시작했고, 자동차를 활용해 쇼핑, 관람, 캠핑, 결혼식, 졸업식 등 많은 활동이 가능하다는 것을 확인했기 때문에 자동차는 집과 밖을 초월하는 제3의 공간으로 주목받고 있는 것이다(매일경제, 2021.1.8). 그래서 앞으로 주목해야 할 지속가능한 트렌드는 자동차에서 다양한 활동이 가능하다는 '레이어드 카(layered car)'이다.

레이어드 카는 드라이브 스루(drive-through)뿐만 아니라 드라이브 인(drive-in) 생활을 가능하게 한다. 예를 들어 현대모터스튜디오는 드라이브 인 콘

[그림 3-7] 자동차 및 운송 산업의 5가지 지속가능한 트렌드

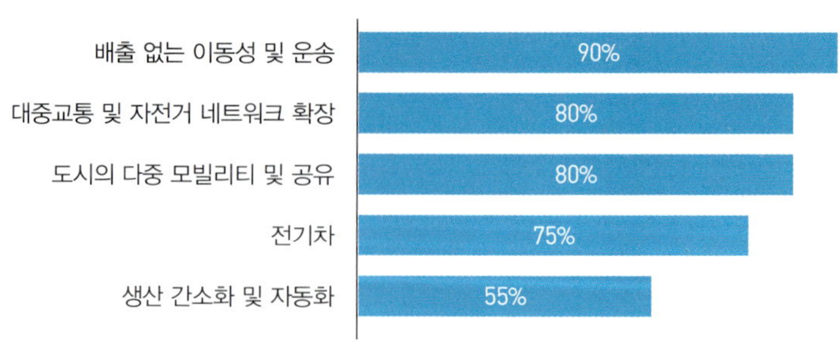

출처: BASF, 2018, p.9

[그림 3 - 8] 드라이브 인 사례

드라이브 인 콘서트

드라이브 스루 갤러리

BMW 신차 발표회

영화 승리호 드라이브 인 언택트 체험존

출처: 각 사 홈페이지(현대모터스튜디오, 쾰른 공항, BMW 코리아, 용산 CGV)

서트를 개최했으며, 독일 쾰른 공항은 드라이브 스루 갤러리를 선보이기도 했다. 또한 BMW 코리아는 신차 공개 행사를 진행할 때 참석자들이 신차를 탑승한 상태로 신차 발표회를 볼 수 있도록 했고, 넷플릭스 영화 '승리호'는 용산역에 드라이브 인 언택트 체험존을 오픈하기도 했다.

특히, 자동차 디스플레이가 갈수록 대형화되면서 자동차 디스플레이는 자동차 및 교통 정보를 전달하는 도구일 뿐만 아니라 하나의 매체로 작용할 수도 있다. 예를 들어 정차 중에 자동차에서 짧은 영상이나 광고를 보거나 자율주행 중에는 영화나 드라마를 볼 수도 있는 것이다. 대형화된 자동차 디스플레이는 과거와 달리 더 높은 몰입감을 선사할 수 있기 때문에 이를 활용한 미디어 콘텐츠 및 광고의 활용도가 증가할 수 있다는 뜻이다. 심지어 테슬라의 경우 캠핑 모드를 작동하면 디스플레이에

[그림 3-9] 테슬라 캠핑 모드

출처: reddit.com

모닥불이 타는 소리와 함께 모닥불이 타는 영상이 재생되어 소비자들의 차박 경험 만족도를 높이고 있다.

"집과 밖을 초월한 자동차에서의 다양한 활동과 대형화되고 있는 자동차 디스플레이를 활용한 미디어 콘텐츠 및 광고의 활용도 증가"

결국 이런 트렌드에 따라 집보다 차를 선호하는 라이프스타일이 진화하면서 이에 대한 신조어로 '호모 카피엔스(homo carpiens)'가 등장하기도 했다. 여기에 전기차와 자율주행차 등 자동차 및 운송 산업에서 주목하고 있는 기술이 더욱 안전하게 상용화된다면 앞으로 레이어드 카는 환경적 가치와 인간의 삶의 질 차원에서의 지속가능한 트렌드로 공고히 자리잡을 것이다. 따라서 앞으로 자동차를 활용한 드라이브 인 마케팅, 그리고 자동차 디스플레이를 겨냥한 미디어 콘텐츠 제작과 광고의 적용 등이 심도 있게 논의되어야 할 것으로 보인다.

4. 엔지니어링 및 건설 산업

엔지니어링 및 건설 산업에서는 지속가능한 인프라 프로젝트(80%)에 주목할 필요가 있다. 건물의 에너지 효율과 친환경 소재 사용 등은 제도와 규제 등으로 불가피하게 적용되어야 할 방향성인 것에 반해 지속가능한 인프라 프로젝트는 건물을 공용 목적으로 설계하고, 용도를 다각화하여 도시 재생에 기여할 수 있기 때문이다. 예를 들어 '도시의 숲(urban forest)' 콘셉트로 건물을 짓고, 고속도로를 지하화하여 그 위에 공원과 복합 문화 시설 등을 건설하는 등의 활동을 뜻한다. 이를 통해 도시의 녹지공간을 늘려서 환경에 기여할 수 있고, 소비자로 하여금 바쁜 일상 속에서 자연을 즐길 수 있게 하는 것이다. 여기에 코로나19로 인한 스트레스를 치유하기 위해 자연을 즐기려는 소비자 심리가 더해져 도시의 숲 콘셉트는 지속가능한 트렌드로서 힘을 얻을 수 있다.

이에 대한 대표적인 사례로 최근 오픈한 백화점 '더 현대 서울'을 들 수 있다. 더 현대 서울은 기존 백화점보다 판매 공간을 줄이고 전체 면적의 약 50%를 실내 조경이나 휴식 공간에 할애하였다. 그리고 5층에 3,300m^2 규모의 실내 녹색 공원 '사운즈 포레스트'를 배치하고, 1층에 12m

[그림 3 - 10] 엔지니어링 및 건설 산업의 5가지 지속가능한 트렌드

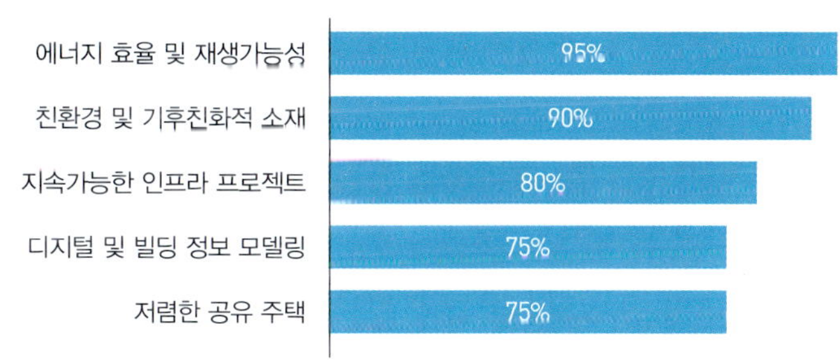

출처: BASF, 2010, p.9

높이의 인공폭포를 설치하여 도시의 숲을 현실감 있게 구현하였다. 더 현대 서울 관계자는 판매 공간을 줄인 만큼 매출이 떨어질 것으로 전망했으나 오히려 오픈 첫날부터 사상 최대 매출을 기록했고, 하루 평균 20만 명 방문과 하루 매출 100억원이라는 놀라운 성과를 거두었다고 밝혔다(국민일보, 2021.3.8).

"'자연친화적'이 아닌 '자연을 구현'함으로써
환경과 소비자 만족도에 기여하는 지속가능한 인프라 프로젝트"

이 외에도 아마존(Amazon)은 도심 한가운데에 4만여 종의 식물들을 바탕으로 더 스피어(The Spheres)라는 4층 규모의 사옥과 실내 수목원을 세웠고, 건물 한쪽에는 벽 전체를 식물로 뒤덮은 그린 월(green wall)을 배치하였다. 직원들과 방문객이 실내 수목원을 자유롭게 방문하여 숲 속에 온 듯한 느낌으로 휴식도 취하고, 다양한 활동을 할 수 있는 공간을 제공하기 위한 것이다. 아마존은 더 스피어를 통해 실내 수목원이 기업 이미지와 방문객들에게 주는 긍정적인 효과를 확인하고, 두 번째 사옥에도 이를 적용하기로 결정하였다. 2021년 2월 공개된 렌더링 이미지에 따르면

[그림 3-11] 더 스피어, 그린 월

출처: 아마존 홈페이지(좌), The Seattle Times(우)

두 번째 사옥에서 가장 눈에 띄는 것은 건물을 나선형으로 감싸 올라가는 듯한 독특한 헬릭스(helix) 구조다. 헬릭스는 형태도 독특하지만 건물을 둘러싼 나선형의 야외 산책로에 나무와 식물을 심을 수 있어 멀리서 보면 커다란 나무 한 그루를 연상하게 한다.

이렇듯 건물의 에너지 효율을 높이고 친환경 소재를 사용하는 것만이 지속가능성 트렌드가 아니다. 갈수록 인구의 도시집중이 심화되고 있는 상황에서 다양한 문제를 해결하기 위해서는 건물과 공간 자체를 지속가능한 콘셉트로 재편해야 하는 것이다. 이를 잘 활용하는 기업은 기업의 이미지를 긍정적으로 높일 수 있고, 이를 반영한 쇼핑 공간은 소비자의 구매 욕구를 자극시킬 수 있다. 더불어 그런 공간에 머무는 직원과 소비자는 정신적으로도 치유될 수 있기 때문에 보다 건강한 사회구성원으로서의 역할을 수행할 수 있다. 그것이 엔지니어링 및 건설 산업에서 지속가능한 트렌드가 지향하는 목표이다.

5. 농업 및 식품 산업

농업의 생산성을 높이고 식품을 공급하는 문제는 인류 공존을 위해 가장 중요한 부분 중 하나로 여겨졌다. 그래서 농업 및 식품은 지속가능 발전 목표에서도 주요 주제 중 하나였고, ESG의 환경 역시 이 부분과 무관하지 않다. 하지만 그동안 전 세계는 농업 및 식품에 있어서 대규모 플랜테이션, 글로벌 농업 공급망, GMO 등을 활용한 대규모 생산과 무역을 바탕으로 한 효율을 추구해왔다. 그러나 이러한 흐름이 환경을 파괴함과 동시에 식품 안전성까지 해칠 수 있어 최근 지역 농업과 로컬 푸드 등이 대두되고 있다. 그런 흐름에서 농업 및 식품 산업의 지속가능한 트렌드는 무엇보다 지역 및 현지 음식(85%) 활성화에 주목한다.

[그림 3-12] **농업 및 식품 산업의 5가지 지속가능한 트렌드**

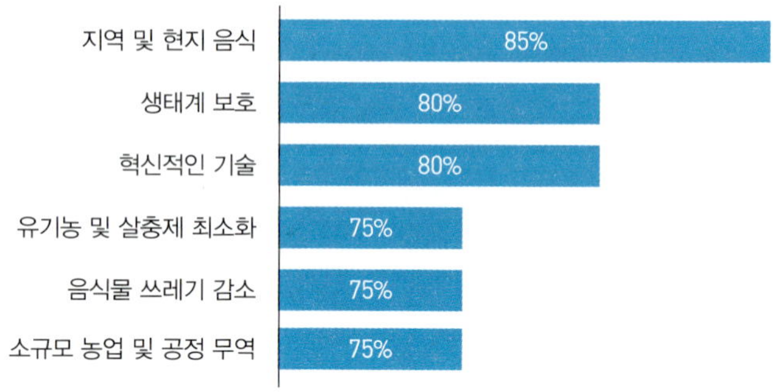

출처: BASF, 2018, p.9

우선 지역 농업은 대규모 플랜테이션에 비해 생산성은 떨어질 수 있지만 그 지역의 토질과 수질에 맞는 농산품을 생산한다는 점에서 환경을 보존할 수 있고, 중소규모 농작으로 산림 벌채를 최소화하여 생태계도 보호할 수 있다. 특히, 지역 농업은 환경에 대한 가치를 지킬 뿐만 아니라 로컬 푸드 등 그 지역만의 문화와 음식을 지키는 데에도 기여할 수 있다. 예를 들어 이마트의 '국산의 힘 프로젝트', 그리고 각 지역의 농수산품을 소개하고 소비를 진작시키는 프로그램인 SBS '백종원의 맛남의 광장' 역시 이런 트렌드를 따르고 있는 것이다.

이는 결국 소비자의 선택권을 넓혀 지속가능한 소비로 이어질 수 있다. 예를 들어 전통주 정기 구독서비스 '술담화'는 매월 각 지역별 전통주 3병을 구독자에게 배송해주고 있는데, 소비자는 이를 통해 다양한 전통주를 즐길 수 있고, 전통주에 대한 자신만의 취향을 발견할 수 있다. 술담화 관계자에 따르면 로컬 푸드를 즐기려는 소비자 트렌드가 확산되면서 최근 전통주 구독자가 1만 명을 초과했다고 한다(한국일보, 2021.6.30).

이렇듯 지역 농업과 로컬 푸드 트렌드는 지역의 특색을 살리고 지역

[그림 3-13] 전통주 정기 구독서비스 술담화

출처: 트렌드 인사이트

경제를 활성화시킴으로써 로컬 브랜딩의 가능성도 열어준다. 이와 관련한 사례는 일본의 쿠마몬이 대표적이다. 쿠마몬은 일본 규슈 구마모토현에서 만든 마스코트로, 규슈 신칸센 종착역이 구마모토가 아닌 가고시마로 결정되자 위기의식을 느낀 구마모토현에서 지역에 관광객을 유치하기 위한 캠페인의 일환으로 쿠마몬 캐릭터를 개발한 것이다. 구마모토현은 쿠마몬 캐릭터를 지역 문화와 로컬 푸드 마케팅 곳곳에 활용함으로써 전국의 관광객을 끌어모았고, 이에 따라 구마모토현 내 경제파급 효과가 1,244억 엔에 이르렀다(김광희, 2019).

"지역 농업과 로컬 푸드를 통한 로컬 브랜딩은
지속가능한 비즈니스 기회를 창출할 것"

즉, 지역 농업은 로컬 푸드를 지켜주고, 로컬 푸드는 지역 경제를 활성화시킬 수 있는 기반이 된다. 이것이 좀 더 확장되면 로컬 브랜딩으로 연결될 수 있고, 새로운 비즈니스의 기회가 창출된다. 결국 그 기회는 지역과 지역민들에게 돌아가게 되고 활성화된 지역은 인바운드(inbound) 관광객을 유치할 수 있다. 이런 선순환에 따라 지속가능성 전문가들은 지역 및 현지 음식을 가장 중요한 지속가능한 트렌드로 판단하고 있는 것이다.

6. 제약 및 건강 산업

제약 및 건강 산업은 지속가능 발전 목표인 '모든 연령대의 건강한 삶을 보장하고 웰빙을 증진'하는 것과 직접적인 관련이 있다. 그래서 제약 및 건강 산업에서 지속가능성 전문가들은 건강에 대한 접근성 및 경제성(85%)과 예방 건강(85%)을 지속가능한 트렌드로 꼽았다. 제약 및 건강 산업에서 말하는 접근성 및 경제성은 두 가지 차원에서 다뤄진다. 먼저 디지털 의료와 스마트 의료기기 등을 통해서 합리적인 비용의 의료 서비스에 쉽게 접근할 수 있도록 하자는 것이다. 더불어 누구나 쉽게, 어디서나 운동을 할 수 있는 환경을 조성하여 모든 사람들이 신체 건강을 추구할 수 있도록 하자는 것이다. 이를 바탕으로 예방 건강까지 도모할 수 있다는 취지다.

[그림 3-14] 제약 및 건강 산업의 5가지 지속가능한 트렌드

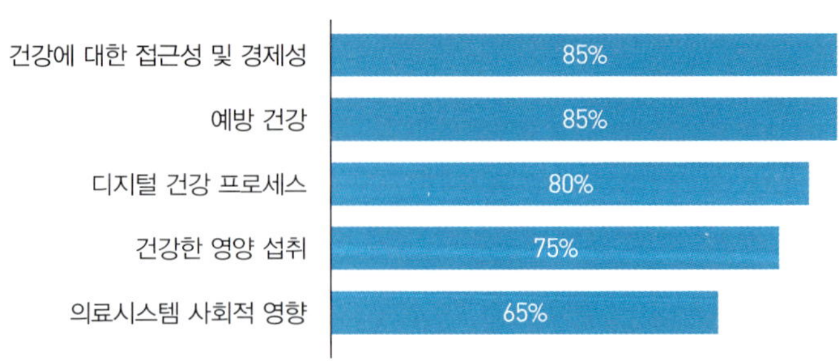

출처: BASF, 2018, p.9

하지만 코로나19로 인해 운동을 할 수 있는 공간이 제약되면서 예방 건강을 실천하기 어려운 상황이 되었다. 그래서 최근 대안으로 떠오르고 있는 것이 '버추얼 액티비티(virtual activity)'이다. 버추얼 액티비티는 러닝, 사이클링, 그리고 등산 대회에서 참가자들이 스마트폰의 GPS를 활용해 각자 자신이 원하는 시간과 장소에서 스스로의 목표를 달성하는 것이다. 즉, 버추얼 액티비티는 코로나19로 인해 어쩔 수 없이 혼자 레이스를 하지만 타인과 함께한다는 동질감, 대회에 참여한다는 소속감, 기록 경쟁을 한다는 경쟁심 등 실제 액티비티와 레이스의 장점들을 느낄 수 있도록 다양한 기술을 활용한 것이다. 특히, 주최 측에서는 메달과 티셔츠, 암 밴드, 컬러 양말 등 '런 팩(run pack)'을 제공하여 참가자에게 동기를 부여하기도 한다.

버추얼 액티비티는 러닝을 하는 버추얼 런(virtual run)과 사이클링을 하는 버추얼 사이클링(virtual cycling) 등 분야가 다양하다. 이 중에서 월드 마라톤(World's Marathons)은 전 세계의 버추얼 런 정보를 공유하고 있는데, 전

[그림 3-15] Rock 'n' Roll's 버추얼 런

출처: Rock 'n' Roll's 홈페이지

세계 100여 개의 버추얼 런 대회가 등록되어 있을 정도로 전 세계에서 버추얼 런은 매우 활성화되어 있다. 그리고 유통업계에서는 쇼핑몰 내에서 진행하는 버추얼 런 또는 쇼핑몰에서 출발하는 버추얼 런 등을 통해 집객을 도모하고 있고, 온라인 쇼핑몰에서 버추얼 런을 기획하면서 버추얼 런 제품 판매 카테고리를 운영하기도 한다.

"버추얼 액티비티를 통한 건강 증진과 예방 건강,
그리고 마케팅과 사회적 기여까지"

특히, 버추얼 액티비티는 사회적 기여 목적으로 활용될 수도 있다. 예를 들어 굿 네이버스의 STEP FOR WATER 희망 걷기 대회, 아이들과 미래재단의 Mercedes-Benz 기브 앤 레이스 버추얼 런, 푸르메재단의 2020 미라클 365 버추얼, 국제어린이양육기구의 2020 버추얼 컴패션 런, 월드비전의 2020 글로벌 6K 포 워터 버추얼 등 기업의 사회적 책임과 브랜드 액티비즘(brand activism)이 연계되고 있는 것이다. 결국 버추얼 액티비티는 건강에 대한 접근성을 높이고 예방 건강에 도움이 되며 사회적 기여에도 선한 영향을 줄 수 있는 지속가능한 트렌드이다.

7. 에너지 및 유틸리티 산업

에너지 및 유틸리티 산업은 주요 지속가능한 트렌드가 보여주듯이 재생 에너지, 분산 에너지, 대체 에너지 등 화석연료를 최대한 지양하는 방향으로 나아갈 것이 분명해 보인다. 하지만 에너지와 관련해서 소비자가 할 수 있는 것은 매우 제한적이다. 에너지 관리와 대체 에너지 개발은 국가 주도로 진행되어야 하기 때문이다. 따라서 기업과 소비자 입장에서 주목할 필요가 있는 지속가능한 트렌드는 물 관리(70%)이다. 그리고 그중에

[그림 3-16] 에너지 및 유틸리티 산업의 5가지 지속가능한 트렌드

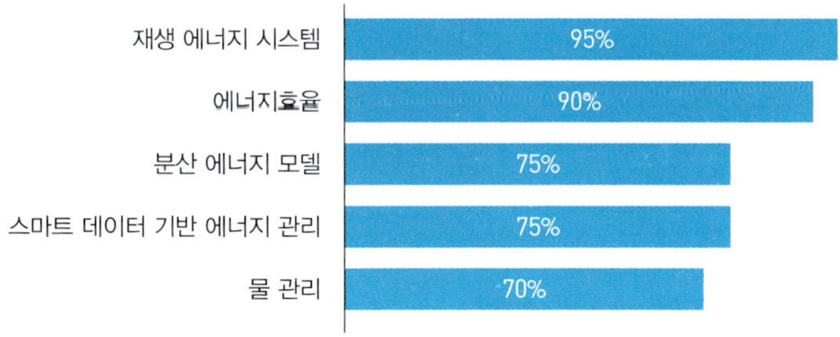

출처: BASF, 2018, p.9

서도 '해양 환경'을 중심으로 한 다양한 활동에 초점을 맞출 필요가 있다.

바다는 지구 산소의 75%를 공급하고 이산화탄소의 50%를 정화하는 기능을 갖고 있으며, 바다의 미세 플라스틱 문제는 이제 모든 사람들의 신체에 영향을 줄 정도이기 때문이다(동아사이언스, 2021.6.7). 심지어 최근 그린피스(Greenpeace)의 연구에 따르면 평균 60년 이상을 사는 고래는 사는 동안 몸에 이산화탄소를 축적하는데, 고래가 평생 축적하는 이산화탄소의 양은 한 마리당 평균 33t에 이른다고 한다(Greenpeace, 2021).

나무 한 그루가 매년 흡수하는 이산화탄소의 양이 약 22kg 정도인 것을 감안하면(한국일보, 2020.9.5) 고래 한 마리를 보호하는 효과는 엄청나다고 할 수 있다. 또한 해양 생물 보호를 위한 국제 비영리 조직인 시 셰퍼드(Sea Shepherd)에 따르면 물속 식물성 플랑크톤 또한 탄소를 포집하는 역할을 한다고 하는데, 이 식물성 플랑크톤은 대기 중 산소의 50% 이상을 생산하며 이산화탄소를 약 370억t 포집하는 것으로 알려졌다. 이 양은 나무 1조 7천억 그루와 맞먹는 수준으로 아마존 밀림 4개를 모아놓은 효과와 같다(Beardall, Stojkovic, & Larsen, 2009). 결국 해양 환경은 물 관리일 뿐만 아니라 바다 생태계에 대한 화두이기도 하다.

"대체 에너지 개발은 국가에게 맡기고,
기업과 소비자는 해양 환경에 주목하자"

이런 흐름에서 넷플릭스는 전 세계 해양 생태계가 직면한 위기와 위협 요인을 다룬 다큐멘터리 '씨스피라시(Seaspiracy)'를 방영했다. 이 다큐멘터리에 따르면 해양오염과 불법어업으로 앞으로 지속가능한 어업이 불가능하다는 메시지를 던지고 있다. 그리고 소셜브랜드 LADBible은 바다의 인공 쓰레기 섬 이슈를 널리 알리기 위해 쓰레기 섬(The Trash Isle) 광고를 제작하여 큰 반향을 일으켰다.

그래서인지 최근 많은 글로벌 기업들은 해양 환경 보호를 위한 브랜드 액티비즘을 실천하고 있다. 아디다스는 6월 8일 해양의 날을 맞아 해양 환경 보호를 위한 러닝 이벤트 '런 포더 오션(Run For The Oceans)'을 진행했고, 글로벌 스킨케어 브랜드 비오템 역시 바다를 보호하기 위한 '워터러버 캠페인'을 진행했다. 그리고 한국 코카-콜라는 해양과 도심 정화활동

[그림 3-17] 아디다스 런 포더 오션

출처: 아디다스 홈페이지

으로 환경보호에 앞장서는 '지구쓰담 캠페인'에 동참하고 있다.

결국 에너지 및 유틸리티 산업에서 기업과 소비자가 보다 관심을 기울이고 브랜드 액티비즘과 미닝 아웃(meaning out)을 통해 행동으로 보여줄 수 있는 방법은 물, 그중에서도 해양 환경을 위한 다양한 캠페인을 전개하고, 그 캠페인에 동조하는 것이다. 이렇듯 물과 해양 환경에 집중하는 캠페인을 진행하는 것은 추상적인 ESG 가치 실현에서 구체적인 실마리를 줄 수 있다.

제 4 절

지속가능한 트렌드를 통한 기회, 그리고 문화적 변혁

이렇게 7개 산업의 지속가능한 트렌드를 살펴봄으로써 크게 3가지 시사점을 발견할 수 있었다. 첫째, 지속가능한 트렌드는 지속가능 발전 목표와 ESG와 비교해서 기업으로 하여금 상대적으로 구체적이고 실천할 수 있는 목표를 설정하도록 돕고, 이를 바탕으로 지속가능한 소비를 이끌어낼 수 있다. 더불어 지속가능한 트렌드는 소비자 저변에서의 변화를 반영하고 있기 때문에 새로운 비즈니스 기회를 엿볼 수 있게 한다. 둘째, 지속가능 발전 목표와 ESG에서 높은 비중을 차지한 일부 주제들이 지속가능한 트렌드에서는 낮은 비중을 차지하는 것으로 나타났다. 예를 들이 소비재 및 리테일 산업의 '바이오 기반 및 천연 재료', 하이테크 및 전자 기술의 '친환경 전자 제품', 농업 및 식품 산업의 '대체육', 제약 및 건강 산업의 '재사용 및 재활용', 그리고 에너지 및 유틸리티 산업의 '바이오 기반 에너지' 등은 7개 산업에서 각각 후순위로 다뤄지고 있었다. 결국 정부와 정책, 규제 주도로 논의되는 지속가능성과 기업과 소비자 중심의 지속가능성에는 차이가 있다는 것을 알 수 있다.

마지막으로 지속가능성으로 전환하기 위한 주요 항목에 대한 발견이다. 지속가능한 비즈니스 트렌드 연구는 지속가능성 전문가들에게 지속가능한 혁신을 위해 필요한 것이 무엇이고, 그것이 얼마나 어려운지에 대한 질문을 던졌다. 결과적으로 응답자의 40%가 문화적 변혁이 가장 중요하다고 대답했고, 또 그만큼 그것이 가장 어렵다고 답했다. 결국 지속가능한 트렌드가 유지되기 위해서는 기업과 소비자 모두 지속가능성에 대한 충분한 공감을 갖고, 그에 따라 문화 코드까지 바꾸기 위한 노력을 지속해야 함을 시사한다. 그래야 지속가능성에 대한 통찰력을 바탕으로 그에 대한 전략을 수립하고 기회를 포착하여 사회를 위한 가치를 창출할 수 있다.

[그림 3-17] 지속가능성으로 전환하기 위한 주요 항목

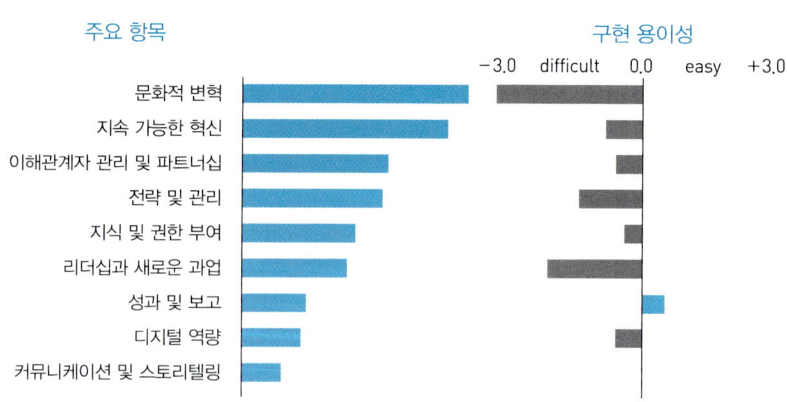

출처: BASF, 2018, p.12

참고문헌

김광희. (2019). 일본 캐릭터 '구마몬'의 성공 전략에 관한 연구. 무역연구, 15(3), 507-522.

김동현. "ESG 사회공헌 활동 아냐…수익성·지속가능성 포괄 전략 필요". 한국경제. 2021. 6. 20.

남승규. (2006). 소비자 라이프스타일에 대한 이론적 고찰. 한국심리학회지: 소비자·광고, 7(3), 433-453.

문수정. 그냥 쇼핑 아닌 '힐링쇼핑'… 더현대 서울 열흘에 200만 인파. 국민일보. 2021. 3. 8.

박수호. 데일리앤코 클럭 700만대 판매 괴력…해외 매출도 굿. 매경이코노미. 2021. 3. 6.

송옥진. "파닭엔 마카베오 화이트와인을" 취향 찾아주는 '홈술 구독'. 한국일보. 2021. 6. 30.

이병권. (2021). 메타버스 (Metaverse) 세계와 우리의 미래. 한국콘텐츠학회지, 19(1), 13-17.

이은영, 주경희, 이두희. (2019). 워드 클라우드 기법을 이용한 최근 소비자학 연구 트렌드 분석. 상품학연구, 37, 1-7.

이종혁. 콘서트 즐기고 영상 만들고…자동차는 제3의 생활공간. 매일경제. 2021. 1. 8.

이춘재. 재계 우등생들은 왜 'ESG워싱' 의심받고 있나. 한겨레. 2021. 7. 18.

이태무, "기후변화 대책? 고래보호가 나무 심기보다 효과적", 한국일보, 2020. 9. 5.

이혜원. (2019). 유엔 지속가능발전목표 (SDGs)의 한국적 적용: 현황과 개선방안-빈곤과 불평등 관련 목표들을 중심으로. 국제. 지역연구, 28(4), 131-161.

전국경제인연합회. (2021). 500대 기업 ESG 준비실태 및 인식조사. http://www.fki.or.kr/FkiAct/Promotion/Report/View.aspx?content_id=c81a2359- 590f-4448-ba7e-d57bca9d70b2&cPage=&search_type=0&search_keyword=

조승한, "남획-오염으로 신음하는 바다… 각국이 특단의 보호대책 세워야", 동아사이언스, 2021. 6. 7.

추문갑. 포스코·LG, 점수 낮은 협력사 계약 해지...발등의 불 된 'ESG'. 한국경제. 2021. 7. 12.

BASF. (2018). Sustainability Business Trends. https://www.basf.com/global/en/who-we-are/sustainability/whats-new/sustainability-news/2018/sustainability-business-trends.html

Beardall, J., Stojkovic, S., & Larsen, S. (2009). Living in a high CO2 world: impacts of global climate change on marine phytoplankton. *Plant Ecology & Diversity*, 2(2), 191-205.

Greenpeace. (2021). An endangered whale that may disappear if not protected now. https://www.greenpeace.org/korea/update/16674/blog-ocean-endangered-whale/

Mariño, R., & Banga, R. S. (2016). UN Sustainable Development Goals (SDGs): A time to act. *Journal of Oral Research*, 5(1), 5-6.

Megan Cerullo. McKinsey makes foray into retail by selling underwear at Mall of America. CBS News. 2019. 9. 26.

Naeem, M. (2019). Uncovering the Role of Social Media and Cross-platform Applications as Tools for Knowledge Sharing. *VINE Journal of Information and Knowledge Management Systems*, 19(3), 257-276.

Pew Research. (2019). Smartphone Ownership Is Growing Rapidly Around the World, but Not Always Equally. https://www.pewresearch.org/global/2019/02/05/smartphone-ownership-is-growing-rapidly-around-the-world-but-not-always-equally/

PR TIMES. (2021). The first anniversary of the landing in Japan on August 1, the experience-type store b8ta!. https://prtimes.jp/main/html/rd/p/000000022.000053185.html

UN. (2018). 68% of the world population projected to live in urban areas by 2050, says UN. https://www.un.org/development/desa/en/news/population/2018-revision-of-world-urbanization-prospects.html

Chapter

04

ESG 광고·마케팅 사례를 중심으로 (지속가능한 소비와 광고 유형 분류)

시대의 화두, 기업들이 ESG를 생각하고 진화하기 시작했다. 이러한 변화는 당연하다. 시장도, 소비자 역시 빠르게 변하고 있기 때문이다. 그래서 자동차회사도, 건설회사도, 패션 회사도 지구와 환경을 생각하고, '지속가능한 소비'를 생각하는 광고·마케팅이 호응을 얻고 있다. 이어지는 내용은 세상을 바꾸는 '지속가능한 소비와 광고'를 ESG로 정의하고, 의미있는 광고·마케팅 사례를 중심으로 살피고자 한다.

제 1 절에서는 **E**nvironmental(환경) 측면에서 자연스러운, 환경과 미래를 생각하는 광고·마케팅 사례들을 살펴볼 것이다. 지구를 구하려는 브랜드들의 다양한 실천들을 모았다.

제 2 절에서는 **S**ocial(사회) 측면에서 세상을 더 좋은 곳으로, 만드는 브랜드 액티비즘이 확대되고 있다. 소비자들은 단순히 '제품'을 구매하는 행동에 그치는 것뿐 아니라, 브랜드를 소비함으로써 자신만의 가치관을 드러냄과 동시에 브랜드의 사회적인 행동에 지지를 보내기도 한다.

제 3 절에서는 **G**overnance(지배구조)에서 더 깊이, 세세히 기업의 구조까지 투명하게 살펴본다. 기업은 중대한 의사를 결정할 때 시민의 반응을 살펴 지속가능한 경영이 가능하도록, 비재무적인 요인인 윤리경영과

지배구조가 기업경영에 중요한 요소가 되고, ESG 리포트를 공개하는 활동이 중요해지고 있다.

| 제1절 |

- Environment - 자연스러운, 환경을 지키는 광고 · 마케팅

"지구에 가치를 더하는 무언가를 생산하고 있는가?" 독일 바우하우스 디자인을 이끈 디터람스의 말이다. 빠른 성장을 추구하며, 뛰어난 제품을 생산하는데 모든 자원을 쏟아부은 산업화 시대를 지나, 이제는 코로나19 등의 위기를 겪으면서 일상이 정지하고, 기업들도 이제 지구의 안위를 걱정하기 시작했다. 자연스레 빠른 성장만이 전부가 아닌, 새로운 가치를 더하는 일에도 깊은 관심을 표하기 시작했다. 소비자들은 지구의 환경을 생각하는 브랜드의 철학에 열광하고, 적극적으로 제품을 구매하는 등의 변화가 나타나고 있다. 이와 함께 '탄소세'와 같은 과세정책이 등장하고, 관련 정보가 빠르게 확산하면서 사람들은 환경을 해치는 브랜드를 규탄하기도 한다. 과거보다 훨씬 적극적인 소비자 활동이 일어나는 추세다. 침묵하는 소비자가 아닌 비판적이며, 행동하는 소비자들의 시대다. 이러한 그들의 행동에는 무리한 경제성장이 환경의 문제를 불러왔으며, 경제정책과 시장, 일상의 소비에도 변화가 문제의식을 전제한다.

[그림 4-1] 볼보(Volvo)의 극한의 안전테스트

출처: 볼보 유튜브

1. 기후환경 변화, 시장의 변화 이끌어

브랜드가 지구와 환경에 관심이 깊어진 건 자연환경의 오염이 우리의 일상에 지대한 영향을 미치기 시작한 후다. 지구의 온도가 높아진 후 빙하가 녹아 해수면이 높아지고 겨울철 눈이나 여름의 강우량이 예측과 다르게 늘어나 홍수와 장마가 예측과 다르게 날씨의 변화를 초래한다. 그 결과 세계 곳곳에 재앙이 나타나고 있다. 이러한 환경 재앙에 브랜드는 어떻게 대처할 수 있을까? 볼보의 사례는 좋은 지침이 된다.

볼보(2021)의 〈극한의 안전 테스트(Ultimate Safety Test)〉는 볼보가 운행 중 직면하는 다양한 위험한 상황을 보여준다. 차가 벽에 부딪히고, 지상 30미터 높이 위에서 자동차를 떨어뜨리는 테스트를 보여주면서 극한의 위험에 처한 상황을 보여준다. 그 후에 장소를 옮겨 빙하에서 안전테스트를 진행하는데 자동차회사 볼보도 수소와 전기와 같은 친환경 기술을 빌

전시키고, 지구가 직면한 기후변화라는 어려움을 극복하고자 '오늘부터' 계속 변하고 있다는 메시지를 전한다. 안전이라는 볼보의 기존 자산에, 환경오염에 따른 위험성을 결합한 사례로 평가받는다.

2. 다시 입고, 고쳐 입는 것이 패션이 되는 시대

유행에 맞춰 빠르게 값싸게 옷을 생산해서 판매하던 오랜 시간 사랑을 받아온 패스트 패션(Fast Fashin)이 환경을 해친다는 이유로 어려움을 겪고 있다. 패션업은 대표적인 옷을 세탁하고, 생산하는 과정에서 미세 플라스틱을 배출한다. 2010년 초부터 중순까지 전 세계적으로 인기를 얻은 대표적 패스트 패션회사인 H&M은 "리사이클링 혁명에 참여하세요(#jointherecyclingrevolution)"라는 캠페인을 이끌며, 루프(Looop) 프로모션 영상으로 2021년 칸광고제에서 그랑프리를 수상했다. 루프는 오래된 옷을 바꿔주는 H&M은 '인하우스 리사이클링 시스템(In-Store recycling)'인데 이제

[그림 4-2] **H&M 루프(Looop) 프로모션 영상**

출처: H&M 유튜브

패션 회사들도 생산의 단계까지 생각하는 실천을 하고 있다.

파타고니아는 1988년부터 지구와 관련된 착한 행동을 벌이고, 환경오염을 최소화한 면을 생산하는 등 환경을 보호하는 데 앞장서고, 있다. 이러한 창업자 이본쉬나드(Yvon Chouinard)의 경영철학과 물건을 사지 말고, 옷을 오래 계속 입으라는 강력한 메시지를 담은 '이 재킷을 사지 마세요(Don't buy this Jacket)'와 같은 캠페인이 소셜미디어를 통해 확산하는 등 브랜드의 환경을 생각하는 메시지가 소비자의 마음을 움직이고 있다. 화장품을 생산할 때에도 동물실험을 하지 않고, 환경을 생각하는 활동을 하고 있나는 활동들에 기꺼이 돈을 더 내는 소비자들도 나타나고 있다. 자칫 환경과 큰 관련이 없는 듯한, 패션과 화장품 산업에서도 이러한 문제의식을 공유하고 적극적으로 해결하고자 하는 의지가 엿보인다.

3. 생활 속 실천을 유도하는 비건, 코즈(Cause) 마케팅

UN이 지정한 벌의 날(5월 20일)에 안젤리나 졸리는 벌을 유인해 화보를 찍어 온라인 채널에 알렸다. 그간 많은 선행과 기부를 했다고 알려진 안젤리나 졸리는 화장품 브랜드 홍보대사로 동시에 활동하며, 국제구호 행사와 입양 등 다양한 행사를 벌이고 있다. 소비자들은 화장품을 구매할 때에도 유기농 만든 제품, 동물실험을 하는지와 같은 생산단계가 어떠한지, 나의 소비가 지구에 미치는 영향이 어떤지에 대해서 민감하게 반응하고, 확고한 브랜드에 열광하고 있다.

악어·타조·낙타 가죽으로 가방을 만들어오던 전통브랜드인 에르메스(Hermes)도 비건(Vegan) 백들을 내놓기도 한다. 채소와 과일로 만든 가방으로 화보를 제작해서 공식 채널에 공개하기도 한다.

세상의 변화에 민첩하게 반응하고 있다. 제인버킨은 버킨백이라는 이

[그림 4-3] 꿀벌 6만 마리에 뒤덮인 안젤리나 졸리

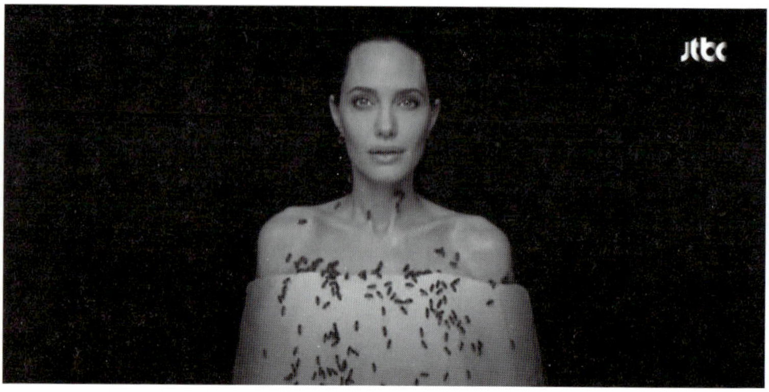

출처: JTBC 유튜브

[그림 4-4] 아스파라거스로 만든 에르메스 버킨백

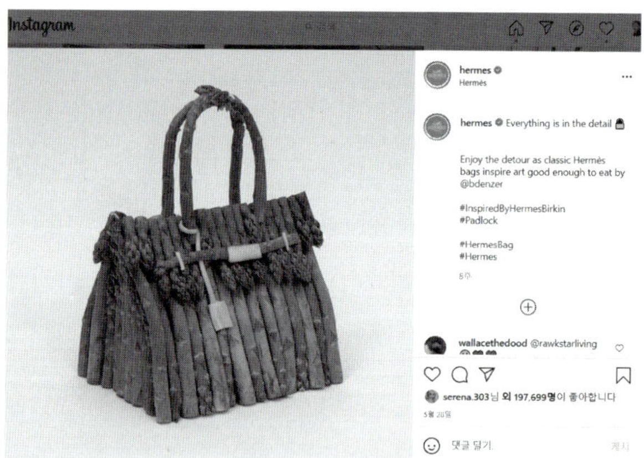

출처: 에르메스 인스타그램

름을 악어 농장 등의 이슈에 반대하는 의미로 자신의 이름을 사용하지 말라고까지 강력하게 이야기하고, 이러한 환경보호 활동의 결과 실제로 매출이 급감하기도 한다. 일상에서 일어나는 작은 일들도 다시금 돌아보게 만드는 캠페인들이 세상의 주목을 얻고 있다.

'코카콜라'는 2007년부터 '물 환원 프로젝트'를 벌이며 제조 과정에서 사용한 물의 총량을 세계의 지역사회에 필요한 방식으로 환원하고 있다. 국제자연보호협회(The Nature Conservancy, TNC) 등 관계자들의 승인을 거쳐 활동의 과정을 발표한다. 그 밖에 깨끗하고 안전한 물을 소비하는 만큼 더 생산할 수 있도록 '저수지'를 만드는 활동 등으로 확장하고 있다. 이러한 캠페인 내용을 홈페이지와 소셜미디어 채널을 통해 직극적으로 고객의 참여를 유도하고 있으며, 관련 내용을 홍보하고 있다. 이제 탄산 음료를 만드는 회사만이 아니라, 우리 사회의 문제의식을 공유하는 의식있는 회사로 거듭나고 있다.

| 제 2 절 |

-Social -
세상의 변화를 이끌어가는 브랜드 액티비즘

"우리는 함께할 때에만 더 나은 세상을 만들 수 있다." 에릭 클라이덴버그(Eric Klienberg) 소비사들은 단순히 제품을 사는 활동에 그치는 것이 아니다. 동시에 소비자들은 브랜드를 소비함으로써 자신만의 가치관을 드러내고 브랜드의 사회적인 행동과 가치에 지지를 보내기도 한다. 브랜

[그림 4-5] 나이키의 플레이뉴(Play New) 캠페인

출처: 나이키 코리아 유튜브

드 액티비즘(Brand Activism)은 우리가 사는 이 세상을 더 나은 곳으로 만들려는 움직임이다. 사회적 문제를 해결하는 데도 브랜드가 적극적으로 나서려는 움직임이다. 인종갈등, 젠더이슈 등 사회적 문제에도 적극적으로 브랜드가 관여한다. 이처럼 브랜드가 나서고, 이를 캠페인으로 만들어, 많은 사람의 긍정적인 반응을 얻고 있다.

1. 사회적 이슈를 메시지로 담는 광고

인종차별, 젠더와 같은 사회 불평등 이슈도 거리낌 없이 이야기하는 시대다. 브랜드가 직접 말하면서, 이를 지지하는 사람들에게 강한 지지와 호응을 얻고 있다. 강력한 광고의 메시지는 다소 거친 반응을 유발하기도 하지만 그 어려움을 딛으면, 되레 강력한 팬덤을 구축해 경영 성과에도 성과를 얻는다. 사회와 미래에 소비자들은 더 깊은 관심을 두게 되었고, 소셜미디어를 활용한 마케팅들이 새로운 영향력을 미치고 있다.

소비자의 의견을 온라인 댓글이나 대표적인 브랜드가 '나이키'다. 일단

해보라는 뜻의 저스트 두잇(Just Do it) 슬로건 론칭 30주년을 맞아, 인종차별 문제에 강력하게 이슈를 제기해온 미식축구 선수 콜린 캐퍼닉을 홍보대사로 발탁해 캠페인을 벌였다. 미국 미네소타에서 백인 경찰의 과잉진압으로 흑인 남성 조지 플로이드 사망 사건에 강력하게 항의했던 인물을 발탁한 광고가 미 전역에 광고가 공개되었다. 일부 소비자들은 나이키 운동화를 불태우거나 불매운동을 벌이고, 당시 미국의 트럼프 대통령도 트위터로 공개적으로 비난하는 등 어려움도 있었다. 하지만 이러한 난관 속에서도 캠페인을 이어간 '드림 크레이지(Dream Crazy)'의 캠페인은 시간이 지난 후, 더욱 주목받으며, 반전의 상황을 맞이했다. 많은 사람이 나이키 제품을 구매하고, 캠페인 관련 내용이 여러 채널에 긍정적으로 언급되며, 입소문을 자아냈다. 결과적으로, 흑인의 생명도 소중하다(#Black-Lives Matters) 운동에 동참하는 다양한 브랜드들도 늘어났는데 사회적인 이슈에 대해 기업 브랜드들이 적극적인 메시지를 던지며, 지향하는 평화의 가치를 알리는 사례가 되었다.

이와 같은 맥락으로 나이키가 전 세계적으로 펼치고 있는 뉴걸(New Girl) 캠페인은 "어떤 사람이 될 것이냐, 하나만이 정답이 아니다, 너라는 위대함을 믿어라, 남들이 정해주지 않는 것 네 뜻대로 하라."와 같은 자신을 믿고 행하라는, 용기를 주는 강한 여성의 이미지를 메시지에 담았다. 사회적 '편견'을 없애려는 시도 '성의 고정관념'을 타파하는 젠더이슈는 늘 여러 채널을 통해 퍼지고 젠더리스와 함께 남자다움, 여자다움이라는 성(性) 정체성에 대한 경계도 흐릿해지고 있다. 성소수자들을 위한 캠페인들에 많은 사람이 공감하고 지지하는 메시지를 보내기도 한다. 이렇게 사회문제에 깊은 관심을 가지고 행동하는 기업에는 또 다른 기회가 되고 있다.

아디다스도 중동지역 여성들이 팔다리가 보이는 수영복을 입지 못하는 상황을 파악하고, 온몸을 덮는 수영복을 출시해서 'Beyond the Surface' 캠페인을 이어오고 있다. 두바이 해변에 액체 빌보드(Liquid billboard)를 설치해 수영하는 이미지를 영상으로 여성들이 자유롭게 수영을 할 수 있도록 만드는 사회적 이슈를 알리고 있다.

2. 세상을 변화시키는 임팩트(Impact) 투자

투자를 통해 사회환경에 긍정적 영향을 미치는 것이 임팩트 투자인데 대표적인 브랜드가 엘론머스크의 '테슬라'다. 오래갈 지구를 위한 임팩트 투자가 환경뿐 아니라 미래세대를 위한 사회를 위한 선순환 구조를 만들고 있다. 엘론 머스크(Elon Musk)는 전기차뿐 아니라 세상을 긍정적으로 변화시키기 위해 투자하고, X프라이즈를 개최해 새로운 기술을 발굴하고 있는데 이러한 움직임은 많은 소비자들의 지지를 얻고 있다. 이 대회에서 매년 수상하는 서비스들은 기업의 운영에 있어서 직접적인 도움과 마케팅홍보 활동에도 도움을 받고 있다. 이 대회에 참가하는 서비스들은 오픈 소스(Open Source)로 공개하고, 수상의 과정도 온라인으로 생중계되는데 이수인 대표의 '토도수학'과 같은 서비스가 대표적이다. 학습이 어려운 아이들이 혼자 학습할 수 있는 아동용 모바일 교육앱을 만들어 배포했다.

사회적기업들은 사회적 이슈들을 해결하는 서비스를 만든다. 그 과정에서 장애인과 같은 사회적 약자를 고용하고, 사회이슈를 해결하는 일을 하는데 기업의 영리활동과 연계해서 다양한 활동을 펼치고 있다. 기부활동에만 의존하지 않고 자생적으로 이익을 내면서 지속 가능한 활동을 하려는 움직임이다.

| 제 3 절 |

- Governance -
지속가능한 투명한 윤리 경영

'성실한 갑질, 창조적 사건, 책임 없는 행동', '성실한 자세, 창조적 자세, 책임 있는 행동'이라는 남양의 사훈을 패러디해 온라인에 공유된 말이다. 64년도에 설립된 남양유업은 '우량아 선발대회' 등 엄마들에게 사랑받으며 인지도를 높였고, 80년도에는 신생아 관련 캠페인을 벌이고, '아인슈타인'과 같은 히트 우유를 내면서 굴지의 기업으로 성장했다. 하지만, 소셜미디어에서 2013년 밀어내기식 갑질과 막말로 소비자들이 불매운동을 벌이고, 매출까지 소비자들의 불매운동이 확대되기 시작했다.

1. 공든 탑도 무너지는 시대

코로나19가 터지고 온라인에 불가리아 요구르트를 먹으면 감염병억제 효과가 있다는 실험연구 내용을 컨퍼런스에 발표하고 가짜뉴스를 진짜인 것처럼 배포하였지만, 많은 고객들이 실험결과가 사실이 아니라는 점을 지적하면서 22일 만에 경영권을 물려주지 않겠다는 다짐과 함께, 사퇴했다. 오너들의 개인사들이 뉴스에 오르락내리락하고, 보여주기식 거짓광고라는 사실이 아니라는 내용이 소비자들에게 공유되면서 "남양이 남양했다"는 부정적인 내용이 지속되었다. 상황이 심각해지자, 기업이 경영을 이어갈 수 없을 정도까지 소비자의 의견이 영향을 받게 되었다. 이처럼 기업이 발표하는 내용에 대한 소비자들의 반응이 기업의 의사결정과 흥

망성쇠에 지대한 영향을 미치고 있음을 시사한다. 남양과 같은 막말 사태와 같이 작은 사건들도 온라인으로 내용이 확대 재생산되고, 브랜드 호감도에 영향을 미치게 되었다. 대한항공도 정부의 지원으로 사업을 시작하였지만, 기업을 경영하는 오너들의 막말로 갑작스럽게 부정적인 주목을 받았다. 기업의 지분을 많이 가지고 있는 사람들과 여러 사람들이 지분을 모아서 기업의 경영에 직접적인 영향을 미치기 위해 주주총회 등에도 참여하고 관련된 내용을 실시간으로 공유해 경영권을 방어하기도 했다. 이처럼 시민들의 의견이 기업의 경영에 영향을 미치는 시대다.

소비자들은 기업과 브랜드 관련 사건에 대해서 속속들이 알게 되었고, 알게 된 지식을 바탕으로 행동에 옮기기도 한다. 온라인 배송업체의 노동자들이 화재 등 사건으로 사망하게 된 뉴스를 보면서 냉방이나 노동환경까지 신경을 쓰고 '탈퇴 인증'과 같은 적극적인 의사를 표명하기도 한다. 전범기이나 나쁜 노동환경에서 물건을 생산한 제품에 대해서 정보를 공유하고 구매 활동까지 영향을 미치는 것이다.

일본과 외교갈등 등의 문제가 생겼을 때도 관련 의류회사, 자동차 등 회사들의 정보를 공유하고 일본 물건은 사지 않는 등의 민족주의적 행동도 시장에서의 지위에 영향을 미치기도 한다.

2. 착한 캠페인보다 중요한 지배구조

'블랙락(Black Rock)'과 같은 자산운용 회사는 회사가 사회에 미치는 영향력을 파악해 환경을 파괴하거나 사회에 악영향을 주는 기업들에는 투자하지 않는 것으로 유명하다. 이러한 변화는 시민단체가 컴퓨터를 해킹해서 "고객들에게 앞으로 환경을 파괴하는 기업에는 투자하지 않겠다"라는 과격한 내용을 메일로 보내고 나선 이후부터다.

블랙락 경영진들은 이 사실을 방어하기 위해 사실이 아니라고 방어했지만, 그 내용이 다양한 채널을 통해 확대되었다. 그 후 "오래갈 미래를 위한 투자"를 이어가겠다고 천명하고, 스튜어드십 약속이 현실화하였다. 리스크 관리, 포트폴리오 운용, 상품설계, 기업들과의 관계에 있어서 '원칙'을 생각하는 기업에 투자하였고, 이러한 결과는 투자성과로도 나타났다. 이러한 소비자 반응 이후, 블랙락은 ESG적 차원에서 경영의 다양한 성과를 평가해서 투자하는 회사로 알려졌다.

이러한 변화는 다음과 같이 해석할 수 있다. 첫째, 환경에 악영향을 주는 산업에 대해 더 세금을 내도록 하는 '탄소세'의 도입과 같은 글로벌 이슈로 기업들이 자금을 조달하는 방법이다. 둘째, 사회적 이슈에 대해 예민하게 반응하는 소비자들의 행동에 대해 기업들이 반응하면서 기업 경영에 있어서 ESG를 고려하는 움직임이다.

또한, 이러한 변화는 소비자와 정책의 변화라는 설명도 있다. 구글 키워드 검색량을 살펴보아도 2020년부터 지난 5년 'ESG'라는 키워드에 관한 관심이 폭증했다. 구글에서 사람들이 'ESG'라는 키워드에 관한 관심을 부쩍 확인할 수 있는 시점은 2020년 이후다. 이처럼 지배구조 등에도 내용

[그림 4 - 6] **'ESG' 구글 검색 키워드 트렌드**

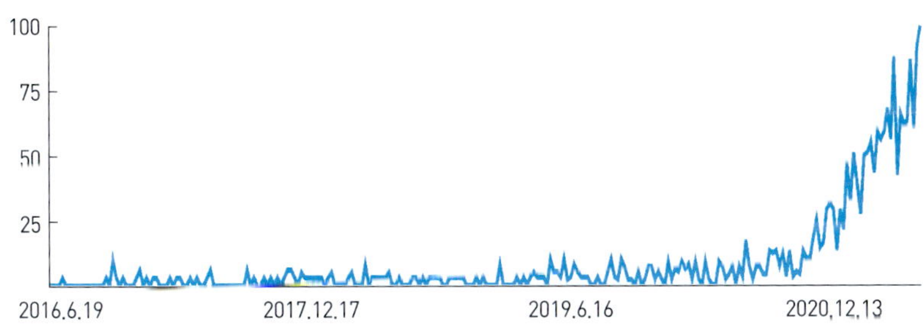

출처: 구글트렌드(trend.google.com)에서 ESG 검색결과

[그림 4-7] 빅카인즈 활용 ESG 관련 보도 관련 연관어 분석 결과

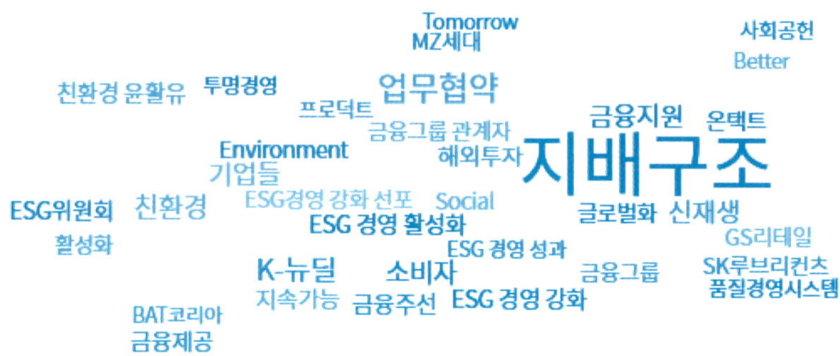

출처: 빅카인즈(bigkinds.or.kr) 분석 결과

을 살피고 기업의 경영에 영향을 미치고 있다. 지속가능 경영은 '경영활동을 미래에도 지속해서 할 수 있는 확률'을 높이기 위해 경제적 수익성뿐 아니라 비재무적 요소들을 고려해 계속해서 기업 가치를 높여나가는 경영 활동이다. 이를 위해, 고려되는 비재무적 요소들이 환경적 위험요소, 사회적 책임, 지배구조로 대표적인 ESG다. 대다수의 기업의 ESR 보고서에서 지속가능성(Sustainability)과 ESG를 비슷한 개념으로 사용하기도 한다.

3. 겉보기만 근사한 ESG 세탁(Washing) 아닌 참된 변화

'그린워싱(Greenwashing·위장 환경주의)'이라는 말이 있다. 환경을 생각하는 것처럼 브랜드를 포장해 투자자를 움직이고, 투자를 받기 위해 근사한 이슈들도 브랜드를 포장하는 것을 말한다. 국제증권감독기구(IOSCO)와 같은 단체들은 이러한 활동을 감시하는 활동을 강화하겠다고 주장한다. 그 기준을 만들고 살펴보고 있는데 겉보기만 구조적인 변화를 위해 다양한 시도가 나타나고 있다.

삼성전자, SK, 포스코와 같은 회사들이 ESG 전담조직을 설치하고 기존에 해오던 사회공헌이나 홍보마케팅뿐 아니라 전략기회와 연계해나가고 있다. 기업의 미션과 비전에 구체적으로 행동방안을 포함하고, 회사가 창출하고자 하는 사회 가치를 정의하고 우선 순위를 마련해 나가고 있다. 측정방법과 보상체계까지 만들어가는 다양한 노력을 하고 있다. 특히, 네이버는 2020년 7월부터 대내외 의견 수렴프로세스를 수립하기 위해, 10월에는 CFO 산하에 전담조직인 ESG위원회를 신설하고, IR공시 자료에도 관련 내용을 담고 있다. 카카오는 조금 더 빠른 2012년부터 프라이버시 투명성 보고서를 발표하고 있으며, 2017년부터 ESG 평가 결과를 공개하고 있으며, 2018년에는 알고리즘 윤리헌장을 발표하고, 2020년부터는 아동·청소년 성보호 관련 금지 행위 조항 운영정책 추가하여 2021년에는 ESG위원회 신설 및 기업지배구조헌장 제정해 공표했다.

마케팅 광고의 이슈를 잘 뽑아서 중점영역을 선정하는 것이 중요하다. 마케팅 목표와 지표를 잘 선정하고, 피드백하면서 ESG 경영을 정교화하고, 이러한 성과를 경영하는 데 이해관계자들에게 적당히 보고하고, 공시하면서 회사의 평판을 높이는 것이다. 투자자, 고객 나아가서 내부 구성원들과 사회적 문제를 해결하면서, 기업의 가치를 높이고, 지속가능성을 높이는 것, 이것이 ESG 광고 마케팅의 성공에 있어 중요한 요소가 될 것이다.

"Where One Road Ends, Another Begins."
하나의 길이 끝나는 곳에서, 또 다른 여정이 시작됩니다.

폭스바겐의 라스트마일 캠페인에 등장하는 광고문구다. 비틀즈의 렛잇비(Let it be)를 배경음악으로 1938년부터 2019년 81년 동안 인기를 누린

[그림 4-8] 폭스바겐(VW)의 라스트마일(Last Mile) 캠페인 영상

출처: 폭스바겐 미국 유튜브

폭스바게의 비틀(Beetle) 모델의 단종을 알렸다. 비틀은 전 세계를 누비며 신문과 방송 등의 채널을 활용해 광고·마케팅을 해온 브랜드다. 80년 사이 브랜드의 메시지를 함께 전한 앤디 워홀, 비틀스 등을 등장시키며 과거와의 작별을 고했다.

역사는 기록되고, 일상의 흔적은 데이터로 남는다. 비윤리적인 기업의 행동들이 사람들에게 규탄받고, 오프라인에서의 작은 이벤트도 온라인에 널리 퍼져서 예측과는 다르게 확대 재생산되기도 한다. 강력한 메시지는 또 다른 협력의 힘을 만들어 내기도 한다. '임팩트(Impact)' 투자 같은 행동하는 활동이 등장하게 된 것도 소셜미디어의 확대로 나타나는 사회적 움직임이다. 사람들은 공감하는 사회적 메시지를 지지하기 위해서 메시지에 라이크를 누르고, 공유하고 댓글을 남기고 적극적으로 상품을 구매하는 '돈쭐'과 같은 행동을 하며 비용을 지불하고, 신념과 다른 브랜드는 불매하는 '안티(Anti)소비' 활동을 하기도 한다.

앞에서 살펴보았듯 사회와 미래에 소비자들은 더 깊은 관심을 두게 되

었고 브랜드는 거기에 선한 영향력을 더하고 있다. ESG의 존재감은 하나의 소비 트렌드로 소비에 영향을 미치는 대세(大勢)가 되었다. 소셜미디어의 확산으로 정보가 널리 공개되고, 단시간 그럴싸하게 하는 위장은 통하지 않으며, 진실이 금방 드러나기 때문에 경영의 민주화 현상이 사회 곳곳에 나타나고 있다. 공정함을 중시하는 미래세대인 MZ세대는 환경·사회·지배구조 이슈에 대해 생각하고 움직인다. 이러한 세대들의 인식변화는 기업의 경영에도 지대한 영향을 미치고 있다. 이러한 '지속가능한 소비와 광고·마케팅'에 관심을 가지고 솔루션을 제시하는 도전적인 기업에는 또 다른 기회가 될 것이다. 더 많은 기업이 진정한 ESG 활동을 통해, 참된 변화를 추구하길 기원한다.

ESG	지속가능한 소비와 광고 유형분류
Environmental(환경)	자연스러운, 환경과 미래를 지키는 광고·마케팅
Social(사회)	세상을 더 좋은 곳으로, 만드려는 브랜드 액티비즘
Governance(지배구조)	더 깊이, 세세히 기업의 구조까지 공개하는 경영의 민주화

P/A/R/T

03

지속가능한 소비의 선행요인 및 제약요인

CHAPTER 05 지속가능한 소비의 선행요인 및 제약요인

– 이정규(숭실대)

Chapter

05

지속가능한 소비의 선행요인 및 제약요인

최근에 전 세계가 경험하는 갑작스러운 기후의 변화나 지구 온난화 현상 등은 인간의 사회적·경제적 활동으로 인하여 발생하는 온실효과와 깊은 관련이 있으며, 인간의 활동은 이외에도 천연자원의 고갈이나 환경오염 등을 야기시키고 있다(Yan, Keh, & Wang, 2021). 특히 경제적 활동에서 많은 부분을 차지하게 되는 소비활동, 즉, 소비자 개개인이 무엇을 얼마만큼 구매하고 사용하는지 등등 역시 직접적으로 환경 변화에 부정적인 영향을 미치고 있다. 이에 따라 많은 기업들이 환경보호와 지속가능 경영을 위해 경영 전략을 수정하고 이를 실천에 옮기고 있으며, 소비자들 역시 이들 기업의 노력을 긍정적으로 평가하며, 친환경 캠페인에 같이 동참하기 위해 노력하고 있다.

이렇듯 매스미디어나 기업 PR활동을 통해 환경의 중요성이 지속적으로 강조되고 있지만 아직까지 많은 수의 소비자들은 친환경제품의 구매를 꺼려하고 있는 것도 사실이다. 소비자 인식과 관련된 설문 조사 결과(제일기획, 2010)를 살펴보면, 전체 응답자의 75% 이상이 '친환경 활동을 긍정적으로 생각한다'라고 답변하였으며, 30% 이상이 '친환경 제품은 기술적으로 진보한 개성있는 첨단제품'이라고 답변하여 국내 소비자들의 친환경 인식이 과거보다 많이 개선된 것으로 나타났다. 하지만 다수의 소비자들은 아직도 친환경 활동에 적극적으로 참여하기를 꺼려하는 것으로 드러났는데, 주된 이유로는 친환경 제품의 비싼 가격과 친환경 제품에 대한 신뢰가 부족 등을 꼽았다. 상당수의 소비자들이 이러한 이유로 지속가능한 소비 활동의 실천을 주저하고 있는 것이다. 따라서 우리는 지속가능한 소비를 가능케 하는 선행요인은 무엇이고, 지속가능 소비에 제약을 주는 요인으로는 어떠한 것들이 있는지 살펴봄으로써 지속가능한 소비의 실천 방안을 구체적으로 모색해 볼 필요가 있다.

| 제1절 |

지속가능한 소비의 선행요인

지속가능한 소비의 주요 선행요인으로써 사회적 요인에 해당하는 사회적 규범의 순응, 준거집단의 모방행위와 개인적 요인에 해당하는 환경문제에 대한 우려, 자기 과시의 표출 수단 등에 대하여 우선 알아보도록 하겠다.

1. 사회적 규범(Social Norm)

사회적 규범(social norms)이란 사회 구성원들 사이에서 사회적으로 적합하다고 인식되고 공유되는 특정한 행동양식으로, 지속가능한 소비에 영향을 주는 요소이다(Cialdini, Demaine, Sagarin, Barrett, Rhoads, & Winter, 2006). 사회 속에서 존재하는 여러 집단이나 조직은 각자만의 고유한 기준을 가지고 있으며, 이러한 기준에 근거하여 구성원들의 수용 가능한 태도나 행위를 결정하게 된다. 다시 말해, 사회적 규범은 사회 구성원의 생각, 신념, 행동 등을 규정하는 척도이며, 구성원이 나타내는 특정 행위가 옳은지, 옳지 않은지를 판단할 수 있는 표준이 되기도 한다(Cialdini, Reno, & Kallgren, 1990). 이 때문에 사회적 규범은 구성원들이 속한 집단의 정체성 강화에 도움을 줄 수 있으며, 개인의 행위가 과연 적절한지를 평가하는 기준으로 작용할 수 있어, 상황에 따라 구성원들은 자신이 속한 집단으로부터 사회적 규범에 순응하도록 압력을 받기도 한다(Checkroun & Brauer, 2002). 지속가능한 소비적 측면에서 사회적 규범은 친환경적 수송 수단이나 에너지원의 선택, 재활용품의 사용 등 친환경 관련 행위를 장려하거나 플라스틱 봉지나 용기의 사용 억제 등 환경보존에 나쁜 영향을 주는 행위를 규제할 수 있는 수단으로 사용되기도 한다(White, Habib, & Hardisty, 2019).

사회적 규범은 크게 제재 규범(injunctive norms)과 기술적 규범(descriptive norms)으로 나누어 볼 수 있다. 제재 규범이란 주어진 상황에서 구성원이 어떻게 행동해야 하는지를 나타내는 사회적 기준이라 말할 수 있다. 즉, 사회적으로 용인되거나 부정되는 행위를 규정하는 기준으로 구성원들은 일반적으로 제재 규범에 따라 사회적으로 인정받는 규범적 행위를 하면 보상을 받게 되고, 규범에 어긋난 행위를 하게 되면 처벌을 받게 된다. 기술적 규범(descriptive norms)은 구성원이 특정한 상황에서 전형적으로 나타내는 행동양식을 의미한다(Cialdini, Reno, & Kallgren, 1990). 제재규범은 상황별로 공통되게 적용되어 구성원들로 하여금 사회적으로 의도한 바를 따르도록 만드는 규범이며, 기술적 규범은 상황에 따라 기준이 바뀔 수 있으며, 만약 제재 규범이 명확하지 않은 경우, 적절한 행위의 표준으로 사용할 수 있다(Salmivaara, Lombardini, & Lankoski, 2021).

기술적 규범과 더불어 지속가능한 소비행위를 설명하기 위해 사용되는 이론이 있는데 바로 계획적 행동이론(Theory of Planned Behavior)이다. 계획적 행동이론은 의도(intention)를 행위에 직접적으로 영향을 주는 주요 요인으로 제시하고 있으며, 개인의 의도를 파악함으로써 결과적으로 나타낼 행위를 예측할 수 있다고 보고 있다(Ajzen, 1991). 계획적 행동이론은 이러한 행위의 의도에 결정적 영향을 주는 세 가지 요소로 행위에 대한 태도(attitudes), 주관적 규범(subjective norms), 그리고 지각된 행동의 통제(perceived behavioral control)를 제시하고 있다. 즉, 사회적으로 바람직하다고 여겨지는 지속가능한 소비 행위에 대하여 개인이 긍정적으로 평가하고, 자신이 해당 행위에 대한 통제력을 갖고 있으며, 다른 구성원들도 지속가능한 소비 행위에 대하여 역시 긍정적으로 평가한다고 여겨지면 결과적으로 해당 행위를 실천할 가능성이 높아지는 것이다(남정미, 유소이, 2015). 계획적 행동이론을 바탕으로 한 기술적 규범(descriptive norms)의 순응 의도는 다른 선행요인들보다 지속가능한 소비 행위를 예측할 수 있는 결정적 요인으로 작용한다. 예를 들어 Goldstein과 그의 동료들의 연구(2018)에 따르면, 필드 실험(field experiment)에 참여한 피험자들에게 동일한 호텔에 머무는 손님들의 75%가 지구환경의 보호를 위해 수건을 재사용(reuse)하고 있으니 동참해 달라는 메시지를 전달한 경우, 전통적인 환경보호 메시지를 접했을 때 보다 높은 확률로 수건을 재사용하였음이 나타났다. 즉, 직접적으로 친환경적 활동에 동참해달라고 호소하기보다, 기술적 규범을 적용하여 다른 사회 구성원들이 이미 동참하고 있으니 이 메시지를 접하는 당신도 동참하기를 바란다고 부탁할 경우 참여율이 증가한다는 것이다.

이처럼 상황에 따라서 기술적 규범은 지속가능한 소비 유도에 큰 영향력을 행사할 수 있지만, 만약 사회 구성원의 대다수가 이미 지속가능한 소비 행위에 적극적으로 참여하고 있는 상황이라면, 기술적 규범에 순응하라고 독려하는 행위는 자칫하면 부메랑 효과(boomerang effect)를 야기할 수 있다. 예를 들어, 미국 가정의 에너지 절약 실태에 관한 연구에 의하면(Schultz, Nolan, Cialdini, Goldstein, & Griskevicius, 2007), 에너지 절약을 위해 전기 사용을 자제해 온 가구일수록, 많은 사람들이 이미 시작하고 있기 때문에 에너지 절약에 같이 동참해야 한다는 기술적 규범의 메시지를 접하고 난 후 이에 대하여 거부반응을 나타내었으며, 이들은 전기를 절약하기보다 오히려 더 많이 사용하였다.

사람들 대다수가 지속가능한 소비 행위가 바람직하지 않다고 믿는 경우, 더 많은 사람들의 관심과 참여를 유도하기 위해 제재 규범(injunctive norms)을 적용하는 방법도 생각해 볼 수 있다. 하지만 제재 규범을 효과적으로 사용하기 위해서는 규범이 사회 구성원의 자율성을 해치지 않는 수준에서 적용될 것이라는 공감대가 선행되어야 하며, 그렇게 되어야 규범을 무리하게 적용함으로써 발생할 수 있는 사회적 저항을 완화시킬 수

[그림 5-1] 지속가능한 소비의 동참을 위한 사회적 규범 적용의 예

출처. Amazon.com

있다(White, Habib, & Hardisty, 2019). 이렇듯 사회적 규범의 활용은 지속가능한 소비 행위를 실천에 옮기도록 만들 수 있지만 한편으로는 많은 주의를 요구한다.

2. 준거집단(Reference Groups)

준거집단이란 개인의 태도나 의사결정에 직접적 혹은 간접적으로 영향을 미치는 집단으로 개인의 판단과 행동에 관한 기준 및 가치를 제공한다. 소비자들은 준거집단을 감정적 혹은 인지적 반응의 형성에 있어 비교대상으로 삼는 경우가 많다(Peter, Olson, & Grunert, 1999). 준거집단은 열망집단(aspirational group)과 회피집단(dissociative group)으로 나누어 볼 수 있다. 열망집단은 자신이 비록 지금 속해 있지는 않지만 소속되기를 희망하는 집단으로 개인은 열망집단 구성원의 가치나 행동 등을 본받으려 노력한다. 이와 반대로 회피집단은 개인이 소속되기를 기피하는 대상으로 개인이 회피집단 구성원의 가치나 규범을 인정하지 않으려 하며, 그 집단 구성원들의 행동을 본받으려 하지 않기 때문에 열망집단과는 다른 방향으로 개인의 행동에 영향을 미치게 된다(Schiffman & Wisenblit, 2019). 지속가능한 소비 행위에 있어 회피집단보다는 열망집단이 친환경 제품의 구매행위에 보다 긍정적인 영향을 준다. 예를 들어, 열망집단이 친환경적 태도를 나타내고 있고, 자신들의 태도와 일관성있게 녹색제품의 구매행위를 보여줄 경우, 소비자들은 이들의 행동에 영향을 받아 친환경제품을 구매하게 된다. 즉, 소비자에게 있어 준거집단을 닮아가려는 열망이 동기로 작용하게 되며 준거집단이 실행에 옮겼던 것처럼 지속가능 소비행위를 통하여 자신의 가치를 표현하고 싶어 하는 것이다(Gupta & Ogden, 2009).

소비자들은 아울러 열망집단을 자신들과 관계가 있는 내부인으로서의 내집단(in-group)으로 인지하고, 회피집단을 관계 밖에 위치하는 이방인으로서의 외집단(out-group)으로 규정하는 경향이 있다. 내집단에 대하여 강한 애착을 느끼는 소비자들일수록 내집단으로부터 지속가능한 소비를 장려하는 메시지를 접하게 되면 보다 긍정적인 태도가 형성됨을 알 수 있다(White, Habib, & Hardisty, 2019). 준거집단은 또한 소비자의 사회정체성(social identity)에 영향을 주기도 한다. 사회정체성이란 개인이 자신이 속한 사회적 공동체에 따라 자기 자신이 누구인가를 지각하게 되는 것을 의미한다(Tajfel & Turner, 1985). 소비자들은 내집단이 지속가능한 행동들을 이어나갈수록 이에 영향을 받아 본인들도 적극적으로 내집단의 행동에 동참하게 되며, 결국에는 본인들을 친환경적인 내집단의 일원으로 동일시하게 된다. 이와 같이 준거집단을 이용하게 되면 소비자의 사회정체성에 대한 자각을 일으켜 지속가능한 소비 활동을 촉진시켜 줄 수 있다(Gupta & Ogden, 2009). 사회정체성은 소비자들로 하여금 자신들을 내집단과 동일시하게 만들어줌으로써 본인 스스로를 '오가닉 컨슈머(organic consumer)', '그린 컨슈머(green consumer)'라고 자각하여 보다 적극적으로 친환경제품을 구매하게 된다(Bartels & Onwezen, 2014).

하지만, 소비자들은 일반적으로 내집단을 다른 집단들보다 긍정적으로 평가하기 때문에 다른 집단들이 본인의 내집단을 능가하기를 원치 않는다. 예를 들어, 외집단이 내집단보다 적극적으로 환경 보호나 새활용(recycling) 활동에 참여하는 모습을 목격하게 되면, 개인들은 더 이상 내집단으로부터 영향을 받기보다 자기 자신의 행동에 초점을 맞추어 스스로 지속가능한 소비 행위를 영위하는 모습을 나타내게 된다(White, Simpson, & Argo, 2014). 따라서 내집단이 효과적으로 친환경적 소비 행위를 수행하지 못하는 경우에는 주거지역, 조직, 혹은 사업 단위별로 적절한 외집단을

[그림 5-2] 소셜미디어 준거집단의 예: 에코 인플루언서

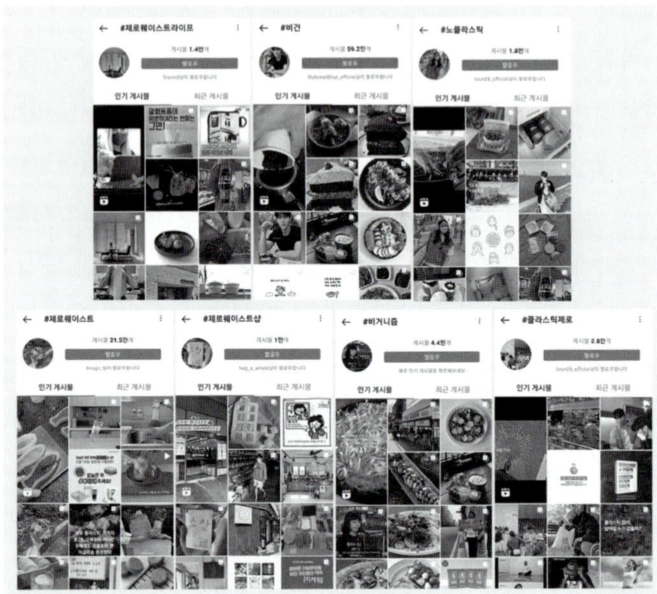

출처: 제일기획

선정해주어 소비자 본인과 외집단이 자연스럽게 선의의 경쟁을 이어나갈 수 있게 만들어 준다면 지속가능한 소비 행위가 지속될 수 있을 것이다(Vugt, Griskevicius, & Schultz, 2014).

3. 환경에 대한 우려(Environmental Concern)

사회적 규범의 순응과 준거집단 행동의 모방 등이 사회적 선행요인이라고 한다면 환경에 대한 우려(environmental concern)는 개인적 요인이라고 할 수 있다. 소비자들이 점차적으로 환경과 관련된 사항들에 민감해짐에 따라 환경 문제의 해결을 직접적으로 표명하거나 환경보호 활동을 펼치

고 있는 자선단체를 후원하는 기업들에 대한 소비자의 선호 역시 뚜렷해지고 있으며, 친환경 제품(green products)과 재활용 제품(recycled products)에 대한 수요도 매년 증가추세를 나타내고 있다(Hamzaoui & Linton, 2010). 여러 선행 연구에서는 환경에 대한 우려를 자연환경을 해치는 여러 문제들에 대한 일반적인 태도(general attitude)라고 정의하고 있다(Abdul-Muhmin, 2007).

환경에 대한 우려는 다음과 같은 요소들을 내포하고 있다. 첫째로 환경 문제에 관한 긍정적(흥미) 또는 부정적(회의) 평가, 둘째로 분노, 실망과 같은 행동과 관련된 강한 감정적 요인, 셋째로 행동을 실천으로 옮길 수 있도록 만들어 주는 의도(intention) 등이다(Hosta & Zabkar, 2021). 환경에 대한 우려는 또한 환경적 의식(environmental conscious)과도 깊은 관련이 있다. 환경적 의식 또는 환경에 대한 깊은 관심은 개인이 환경에 대하여 얼마만큼 우려하고 걱정하고 있는지를 나타내는 지표가 된다. 환경적 의식이 강할수록 소비자들은 친환경적(pro-social) 성향을 나타내며, 자신의 믿음과 동기 역시 친환경적 행동과 일치시키려고 노력한다. 이와 같은 친환경적 관점은 환경보호에 대한 강한 책임을 느끼도록 만들어 이후 일상생활에서의 소비 의사결정이 환경중심적이 될 수 있도록 만들어준다. 반면에, 환경적 의식이 약할수록 소비자들은 조그만 친환경적 활동에도 쉽게 싫증을 내며, 환경보호에 대하여 별다른 책임감을 느끼지 못한다(Garvey & Bolton, 2017). 따라서 환경에 대한 우려가 클수록 또는 환경적 의식성이 강할수록 지속가능한 소비 행위를 나타낼 가능성이 높아진다고 볼 수 있다.

최근 진행된 지속가능한 소비와 관련된 연구에서는 친환경적 행동과 연결성을 갖는 주요 개인적 특성(personality attributes)으로 '친환경적 성격(green personality)'을 제시하고 있다. 소비자가 친환경적 성격이 강할수록 새로운 경험에 개방적이고, 사회적 관계나 활동을 중요시하며, 다른 구성원들에게 호의적인 태도를 나타낸다. 또한 친환경적 성격이 강하게 나타날수록 외향적인 성향을 나타내며, 도덕적 판단에 보다 쉽게 영향을 받는다. 이 때문에 친환경적 성격이 뚜렷한 사람들은 친환경적 성격이 약하게 나타나는 사람들보다 인격적으로 성숙한 경우가 많다(Bulut, Nazli, Aydin, & Haque, 2021). Milfront & Sibley(2012)에 따르면 호의적이고, 도덕적이며, 개방적인 성향은 친환경적 행동의 몰입에도 깊은 상관성을 나타내고 있으며, 이러한 개인적 특성은 사회경제적 요인과 더불어 소비자가 얼마만큼 친환경적인지를 예측해 볼 수 있는 중요한 속성이라고 할 수 있다.

4. 자기 과시(Status-Oriented Behavior)

환경에 대한 우려와 더불어 또 다른 개인적 선행요인으로 자기 과시 행위(status-oriented behavior)를 고려해 볼 수 있다. 여러 사회경제학 이론에 따르면, 지속가능한 소비를 실천하는 사람들은 주로 중산층(middle-class)이나 중산층 상위계급(upper-middle class)에 속해 있는 경우가 많다고 한다. 이는 곧 사회에서 여유가 있는 계층일수록 일반적인 주변 환경의 개선과 보존에 많은 관심을 가지고 있다는 것을 의미한다. 또한 부(wealth)가 풍족하게 쌓인 계층일수록 물질적 가치보다 정신적 가치에 더 큰 의미를 부여하며, 이에 따라 소득의 증가나 재산 증식보다는 자기 발전이나 사회적 안녕(social well-being)을 추구하기 위해 노력한다(Gifford & Nilsson, 2014). 하지만 경제적 여유와는 상관없이 일반적인 소비자들도 다른 사람들에게 긍정적인 인상을 심어주기 위해 혹은 자신도 경제적 여유가 있다는 점을 과시하기 위해 지속가능 소비 활동을 벌이기도 한다(Green & Peloza, 2014; Griskevicius, Tybur, & Burgh, 2010). 낮은 사회경제적 지위를 지닌 사람들의 경우, 자신의 자존감을 회복하기 위하여 일부러 희소성(exclusivity)이 높은 제품을 구매함으로써 다른 이들로 하여금 자신의 지위를 유추해보게끔 만들기도 한다(Rucker & Galinsky, 2008). 이와 같은 자기 과시적 행동은 친환경 제품 구매에서도 나타난다. Griskevicius와 그의 동료가 수행한 연구(2010)에 따르면, 소비자들이 가격 프리미엄을 지불하면서까지 친환경 제품을 구매하는 이유는 다른 사람들에게 자신의 애타적(altruistic) 행동에 대하여 신호를 보냄으로써 자신의 지위를 과시하고 싶어함이라고 밝히고 있다. 사회적 지위에 대한 욕구가 강할수록 친환경 제품을 선택함으로써 사회적 안녕을 위해 자신의 돈과 노력을 희생할 만한 각오를 갖고 있다는 점을 주변 사람들에게 인식시키고 싶어한다는 것이다. 특히 이러한 경향은 사적인 장소(예를 들어 온라인 쇼핑몰)에서 쇼핑할 때보다 주변 사람들의 시선을 쉽게 집중시킬 수 있는 공적인 장소(예를 들어 백화점이나 할인마트)에서 쇼핑할 때 더욱 강하게 나타난다.

자기 과시 욕구를 바탕으로 소비자들의 지속가능한 소비 활동의 참여를 독려하기 위한 방법으로 개인이 남들보다 돋보일 수 있는 기회를 제공할 수 있는 친환경 캠페인을 기획하는 것도 생각해 볼 만하다. 예를 들어, Baca-Motes와 그의 동료들(2013)은 미국 캘리포니아 오렌지 카운티에 위치한 호텔 투숙객들을 상대로 필드 실험(field experiment)을 실시하였다. 투숙객이 호텔에서 실시하는 에너지 절약 캠페인에 동참하겠다는 의사표시를 하는 경우, 절반은 상징적 의미로 옷에 꽂을 수 있는 핀을 부여받았으며, 다른 절반은 동참하겠다는 의사 표시를 했지만 핀은 부여받지 못했다. 캠페인 구성원의 일원임을 다른 사람들에게 알릴 수 있는 핀을 꽂은 투숙객은 당연히 핀을 받지 못한 투숙객보다 호텔에 투숙하는 동안 전기를 덜 사용하였다. 앞의 연구 결과와 일맥상통한 내용이지만, 일반적인 소비자들도, 다른 사람들이 나의 행동을 주목할 수 있는 상황에서는, 지속가능한 소비 행위를 통하여 나의 애타심을 과시하고 싶어하는 욕망이 강해진다는 것을 정책입안자나 마케터들은 명심할 필요가 있다.

마지막으로 사회적 지위와 깊은 연관성을 갖고 있으면서 친환경 제품 선호에 영향을 미치는 요인으로 심리적 파워(power)를 고려해 볼 수 있다. 파워란 사회적 관계에서 상대방에게 영향력을 행사한다거나 높은 가치를 갖고 있는 자원을 통제할 수 있는 능력을 의미하며(Fiske, 1993), 많은 연구에서 사회적 지위와 혼용되어 사용되기도 한다. 높은 수준의 심리적 파워를 지닌 사람일수록 주도적 성향(agentic orientation)을 나타내며, 낮은 수준의 파워를 지닌 사람일수록 공동체적 성향(communal orientation)을 나타낸다. 파워가 강한 사람일수록 자기 중심적이고, 다른 사람들을 의식하지 않으며, 독립(independence)에 대한 열망이 강하다. 한편, 파워가 약한 사람일수록 다른 사람들의 행동에 신경쓰며, 상호의존적이고, 사회적 관계 형성에서 유대감을 중요한 요소로 생각한다(Rucker, Galinsky, & Dubois, 2012). 따라서 파워 수준이 낮은 소비자들은 다른 사람들을 염려하고, 타

[그림 5-3] 과시적 환경보호에 의한 구매행위

출처: 통계청

인의 행동에 대해 관대해지는 경향을 나타내며, 사회적으로 공공의 편익을 제공하기 위해 기꺼이 가격 프리미엄을 지불하여 친환경제품을 구매한다. 이와 반대로 파워 수준이 높은 소비자들은 자신의 사욕을 채우는데 관심이 많으며, 다른 사회 구성원들을 위해서보다는 자신의 이익이 더 중요하다고 생각하여 가격 프리미엄을 지불하면서까지 친환경제품을 구매하고 싶어 하지는 않는다(Dubois, Rucker, & Galinsky, 2015). 결국, 심리적 파워 수준이 낮을수록 자신의 이익을 희생함으로써 공공의 편익을 선택하는 경향이 강하며, 이는 지속가능한 소비를 이끄는 주요 동기로 작용하게 된다.

| 제 2 절 |

지속가능한 소비의 제약요인

지금까지 지속가능한 소비의 선행요인을 살펴보았다면, 다음으로는 지속가능한 소비의 실행을 주저하게 만드는 주요 제약요인에 관하여 살펴보도록 하겠다.

1. 커뮤니케이션 방법(Communication Methods)

지속가능한 소비를 촉진시키기 위해 주로 사용하는 방법 중의 하나가 메시지 전달을 통한 소비자와의 커뮤니케이션이다. 메시지 전달 유형 중 지속가능한 소비 행위를 유발시키기 위해 '공포소구(fear appeal)'가 종종 선호된다. 공포소구는 소비자가 지속가능한 소비 행위를 포기하거나 지속하지 않을 경우 닥쳐올 수 있는 부정적 결과를 강조하는 메시지 어필 방법이다(White, Habib, & Hardisty, 2019). 공포소구는 행동의 변화를 가져올 수 있기 때문에 금연 캠페인 등에서 자주 이용된다. 공익광고에서 흡연으로 인한 질병으로 고통받는 사람의 모습을 보여주면 광고를 접한 소비자들은 흡연에 공포감을 느끼게 되고 담배를 끊어야겠다는 생각을 갖게 되는 것이다. 친환경 제품 광고에서도 마찬가지로 공포소구가 활용된다. 예를 들어, 친환경 소재의 제품이 아닌 전통적인 소재를 사용한 제품을 이용하게 되면 제품의 제작 과정에서 배출되는 인체에 해로운 물질들로 인하여 피부질환을 유발할 수 있다라는 메시지를 소비자들에게 전달함으로써 소비자들에게 경각심을 불러일으켜 친환경제품에 대한 관심을 유도할 수 있다.

하지만 공포소구가 항상 지속가능한 소비 행위를 촉진시키는 것은 아니다. 친환경제품을 사용하지 않을 경우 야기될 부정적인 결과들이 당장이 아닌 미래에 우리에게 영향을 미칠 것으로 예상된다면 소비자들이 느끼는 공포감은 덜 해지고, 지금 당장 지속가능 소비를 실천에 옮기지 않을 가능성이 커진다. 또한 공포소구가 전하는 메시지가 너무 강할 경우 소비자들은 극도의 위협을 느끼게 되어 행동의 실천을 거부해 버릴 수도 있다. 따라서 지속가능한 소비의 실천을 위해 가장 효과적으로 공포소구를 사용하는 방법은 너무 약하거나 혹은 강하지 않은 보통 수준(moderate level)의 소구 메시지를 구체적인 실천 방안과 함께 제시하는 것이다(White, Habib, & Hardisty, 2019).

다음으로는 소비자들이 친환경적 행동을 실천하지 않을 때 '죄책감(guilty)'을 느끼게끔 메시지를 전달하는 방법이 있다. 죄책감은 통상적으로 지속가능 행위와 지속가능 행위를 결정하게 만드는 의도(intention)에 많은 영향을 주는 것으로 알려져 있다. 죄책감은 여러 자아의 불일치로 인하여 발생한다. 자아는 '현실적 자아(actual-self)', '이상적 자아(ideal-self)', '의무적 자아(ought-self)'로 나뉘어지며, 만약 현실적 자아와 의무적 자아의 불일치가 발생하면 죄책감이나 후회의 감정을 느끼게 된다(Higgins, 1987). 선행연구들에 의하면 소비자들은 일반적으로 고가의 제품을 구매할 때, 흡연할 때, 다이어트할 때 등 다양한 소비 상황에서뿐만 아니라 지속가능 소비의 일환으로 친환경제품을 구매하거나 사용할 때에도 죄책감을 느낄 수 있다(Peloza, White, & Shang, 2013). 또한 사람들은 환경보호에 대하여 도덕적 책임감을 느끼는 경향이 있으며, 환경 보호를 실천에 옮기지 못하였을 때 내가 느낄 수 있는 죄책감을 예상(anticipated guilt)하고 앞으로 발생할 죄책감을 최소화하기 위해 친환경적 행동을 취하게 된다(Grob, 1995; Kaiser, 2006). 여러 광고에서 소비자들로 하여금 친환경적 태도를 형성하도록 만들기 위해서 명확한 '죄책감 소구(guilt appeal)' 메시지를 활용하기도 하는데, 항상 효과적이라고 말하기는 어렵다. 특히 메시지를 접하는 소비자가 의무나 책임을 다하려는 성향이 강할수록 죄책감 소구에 대해

[그림 5-4] 죄책감 소구

출처: Greenpeace

서는 부정적 반응을 나타내며(Peloza, White, & Shang, 2013), 실천에 옮기려던 지속가능한 소비 행위를 중간에 포기해 버릴 수도 있다. 따라서 기업이나 마케터들은 죄책감 소구를 함부로 사용하기보다는 소구 메시지 전달의 대상이 되는 표적고객 유형을 정확히 파악하여 고객이 지니고 있는 성향에 맞는 메시지를 전달하는 것이 지속가능한 소비 행위 증진에 도움이 될 것이다.

2. 제품 성능에 대한 우려(Weak Performance Concern)

최근 들어 '윤리적 소비', '친환경적 소비', '지속가능한 소비' 등이 매스 미디어에 자주 등장하여 소비자들의 관심을 끌고 있으며, 공해물질을 덜 배출하고 자연환경을 덜 오염시키는 제품을 사용하는 것이 사회적 미덕으로 여겨지고 있다. 그러나 실제 시장에서 판매되고 있는 친환경적 제품은 전체 시장매출의 일부분만을 차지하고 있다. 또한 많은 수의 소비자들이 환경문제의 심각성을 느끼고 친환경제품을 구매할 계획이 있다고 밝히지만, 실제 구매에 이르는 경우는 아직 소수이다. 왜 이러한 현상이 일어나는 것일까? 우선 친환경제품은 가격 프리미엄이 적용되어 일반적인 제품보다 비싸다는 점을 들 수 있으며, 아직까지 일반적인 제품들에 비해서 친환경제품만을 취급하는 유통채널이 제한적이라는 점도 원인의 하나가 될 수 있다. 하지만 이러한 이유들보다 더 큰 이유를 들자면, 소비자들이 의식적으로나 무의식적으로 친환경제품 성능에 의구심을 지니고 있다는 것이다. Luchs와 그의 동료들(2010)의 연구에 따르면 소비자들은 제품이 친환경적일수록 강한 성능보다 부드러운 속성을 지니고 있다고 믿고 있으며, 무의식적으로도 친환경제품 속성을 '강력함(powerfulness)', '강인함(toughness)'보다는 '윤리성(ethicality)', '온화함(gentleness)'

과 연결지을 때 더 긍정적인 반응을 나타내었다. 이는 다시 말해, 동일한 제품일지라도 친환경적 속성이 강할수록 소비자들은 성능면에서 일반적 제품만큼 우수하지 못할 것이라는 선입견을 갖고 있다는 의미이다. 소비자의 이러한 선입견으로 인하여 제품 선택에 있어 얼룩이나 찌든 때 제거를 위해 강력한 성능(powerful performance)이 선호되는 식기 세척세제, 손 세정제, 화장실 청소세제 등을 구매해야 하는 경우, 제품의 친환경적 속성에 대한 우려로 일반제품(regular product)만큼의 동일한 결과를 얻기 위해 더 많은 양을 사용하는 경향이 있다. Lin & Chang(2012)은 그들의 연구에서 실험 하나를 진행하였는데, 대학교 레스토랑에 손세정제를 설치해 놓고 직접 대학생들의 사용량을 측정하였다. 손 세정제 중 하나는 누가 봐도 친환경적 제품임을 알 수 있도록 나뭇잎 모양의 녹색 라벨을 붙여놓았으며, 나머지 하나는 일반적인 세정제의 모습을 나타내었다. 2주간 두 세정제의 사용량을 측정하였는데, 친환경제품의 사용량이 일반제품보다 많게 나타났다. 또한 친환경적 성향이 강한 소비자일수록 일반 소비자들과 1회 제품 사용량을 비교하였을 때, 보다 많은 양을 사용한 것으로 밝혀졌다. 이와 더불어 최근 연구에서는 제품이 기획 단계부터 의도적으로 친환경적 속성을 갖추게 될 경우, 그렇지 않은 경우보다 소비자들이 덜 선호하는 것으로 나타났다. 기업이 친환경적으로 제품을 기획하는 경우 제품이 필수적으로 갖추어야 하는 성능적 속성보다 친환경적 속성에 더 많은 투자가 이루어져 녹색제품이 일반적 제품보다 제품의 품질(quality)이 떨어질 것이라고 예상함으로써 소비자의 실제 구매의도가 낮은 수준으로 나타나게 된다(Newman, Gorlin, & Dhar, 2014).

이와 같은 내용을 종합해 볼 때, 과연 소비자들은 모든 친환경적 제품에 대하여 성능적 측면에 의구심을 갖고 있는 것인지 아니면 친환경적 제품을 구분하는 특정한 기준이 있는 것인지 확인해 볼 필요가 있다. 이에 대한 실마리를 최근 연구에서 찾아볼 수 있는데. 소비자들은 속성을 핵심 속성(central attributes)과 주변 속성(periphral attributes)으로 구분하여 제품의 주변 속성보다 핵심 속성이 친환경적일 때 비로소 제품을 친환경 제품이라고 받아들이게 된다(Gershoff & Frels, 2015). 제아무리 친환경 제품이라고 홍보하여도, 부차적인 주변 속성만이 환경적 편익(environmental benefits)을 제공한다면 소비자들은 제품의 환경친화 정도를 낮은 수준으로 평가하게 된다. 결국 주변 속성만이 친환경적이면 일반적인 제품과 다를 바가 없다는 결론을 유추해 볼 수 있다.

이를 달리 생각해 보면, 소비자들이 모든 친환경 제품을 성능이 일반 제품보다 열악하다고 평가한다기보다는 성능과 연관된 핵심 속성들이 친환경적(green)일수록 성능의 강함(power)에 의구심을 나타낸다고 결론내릴 수 있다.

3. 그린워싱(Greenwashing)

그린워싱이란 겉으로 드러나는 제품의 외관이나 라벨은 마치 녹색제품(green products)인 것처럼 위장하지만 실제 제품의 속성은 일반적인 제품들과 차이가 없는 경우를 말한다. 예를 들어 Huggies가 제작한 기저귀인 “pure and natural”을 살펴보면, 오가닉 솜을 사용한 친환경적 기저귀라고 홍보하였지만, 실제는 기저귀를 둘러싸는 외부만 오가닉 솜을 사용했을 뿐 아기 피부와 맞닿는 부분은 종래의 일반적인 기저귀와 다를 바가 없었다. 또한 음료를 생산하는 업체의 경우 음료의 주요 성분은 다른 음료수들과 다를 바가 없는데 재활용이 가능한 플라스틱 병에 넣고 판매한다던가, 병에 붙은 라벨을 녹색으로 칠하여 녹색제품이라고 홍보한다던가 하는 것들이 모두 그린워싱의 예라고 할 수 있다(Lee, Bhatt, & Suri, 2018).

그린워싱은 기업이 녹색 마케팅 전략을 개발하고 이행함에 있어 방해물로 작용하며, 소비자들로 하여금 지속가능한 소비에 대하여 회의감을 느끼게 만드는 주요 원인 중 하나이다. 기업들이 소비자를 속이면서까지 그린워싱 제품을 생산하는 이유는 시장에서 친환경 제품일수록 높은 가격 프리미엄이 적용되기 때문이다. 제품이 친환경적이거나 오가닉(organic)이라고 하면 소비자들은 기꺼이 보다 높은 가격을 지불하여 제품을 구매하게 된다. 결국, 기업에서 그린워싱 제품을 판매하게 되면, 제품의 속성이 시장에서 판매하는 다른 일반적 제품과 다를 바 없기 때문에 생산원가는 동일하게 유지할 수 있으며, 소비자들이 보다 비싸게 구매하므로 제품 판매 이익구조는 실제 친환경제품보다 나을 수 있다. 기업 입장에서는 보다 높은 수익구조의 창출이 가능해지기 때문에 그린워싱 제품의 생산 유혹에서 쉽게 빠져나오기 어려워진다.

하지만 소비자 입장에서 그린워싱은 구매행위에 심각한 부정적 영향을 줄 수 있다. 많은 수의 그린워싱 제품이 친환경제품으로 둔갑하여 팔리고 있기 때문에 해당 제품에 관하여 전문가가 아닌 이상 실제 녹색제품과 그린워싱 제품을 명확히 구분하기는 어려우며, 자칫 그린워싱 제품을 친환경제품으로 오인하여 구매할 경우 금전적 손해를 볼 수 있다 (Chen & Chang, 2013). 이처럼 그린워싱 제품이 시장에서 활개를 칠수록 소비자들은 친환경제품 구별에 어려움을 겪게 되고 진정한 친환경제품을 찾기 위해 많은 노력과 시간을 투자해야 하며, 이는 소비자의 구매 욕구를 꺾어놓을 수 있다. 궁극적으로는 제품 구매 활동에서 친환경제품은 배제될 가능성이 높으며, 지속가능한 소비 역시 감소될 수 있다. 소비자의 그린워싱에 대한 부정적 태도는 실제 친환경제품을 생산하는 기업에게도 금전적, 비금전적인 손해를 끼칠 수 있다. 기업은 소비자의 우려를 불식시키기 위해 자사 제품이 친환경적이고, 항상 환경보호를 위해 힘쓰고 있다는 메시지를 효과적으로 소비자들에게 전달해야 하며, 이는 제품의 마케팅 활동에 있어 부가적인 비용을 발생시킬 수 있다.

혹시라도 소비자가 메시지를 오해한다거나 수신을 거부하게 되면, 기업은 명성에 해를 입게 되고, 장기적으로는 친환경제품 시장마저도 훼손될 수 있다(Lyon & Maxwell, 2011). 따라서 정부 기관에서는 그린워싱을 정확히 규정하고, 기업이 그린워싱을 통하여 소비자들을 속이려 한다면 그에 부합하는 벌칙을 부과하여 그린워싱을 시도하려는 기업들을 시장에서 퇴출시켜야 지속가능한 소비가 계속될 수 있을 것이다.

[그림 5-5] 그린워싱 제품의 예

출처: Cotton & Push

| 제 3 절 |

지속가능한 소비 요인의 변화 방향성

지금까지 지속가능한 소비의 주요 선행 요인과 제약 요인을 살펴보았는데, 지속가능 소비에 영향을 주는 요인은 여기에서 소개하고 있는 요인들 외에도 그 밖에 여러 요인들이 존재하기 때문에, 지면 관계상 모든 요인을 소개하는 것은 어렵다. 하지만 지금까지 살펴본 내용을 바탕으로 지속가능 소비를 촉진시켜 줄 수 있는 방안과 제약 요인의 극복 가능 방안 등을 고민해 볼 필요가 있다. 소비자 행동에 관한 유명 연구자 중 하나인 캐나다 브리티시 컬럼비아 대학교의 Katherine White 교수는 그녀의 동료와 함께 쓴 논문(2019)에서 앞으로 어떻게 해야 소비자들의 소비 관련 행동을 보다 지속가능하게 만들 수 있을지를 구체적으로 분석하고 있어, 이를 간략하게 소개하고자 한다. 이 챕터에서는 구체적으로 소개하지는 않았지만 소비자들은 자기 자신의 이익(self-interest)을 우선적으로 추구하려는 경향이 있으며, 이는 지속가능한 소비의 장애물이 될 수 있다. 소비자들은 손해 보기를 싫어하는 이기적인 태도로 인하여 환경 보호 등과 같은 사회적 이슈를 해결하기 위하여 남들과 타협하고 협력하기를 꺼려하는 경향이 있다. 굳이 자신의 시간과 노력을 희생해 가면서 사회적 편익 제공에 동참하고 싶어 하지 않는 것이다. 그리고 자신의 이익 추구에 대한 열망이 강해지면 이는 친환경 관련된 다양한 이슈들에 대한 관심과 참여의지를 감퇴시킬 수 있으며, 소비자들을 점점 지속가능한 소비로부터 멀어지게 만들 수도 있다. 따라서 우리는 앞으로 구체적으로 지속가능한 소비 행동으로부터 얻게 되는 편익과 이를 위해 개인이 희생해야 하는 비용을 추정해 볼 필요가 있다. 지속가능한 소비를 가로막는 제약 요인에서 언급한 내용들을 바탕으로 마케터들이나 정책입안자들은 ① 소비자의 지속가능 소비를 가속화시키기 위해 '공포소구'나 '죄책감' 대신에 지속가능한 소비 행위에 대한 긍정적 태도 형성을 위해 사회 구성원의 집단 정서(collective emotion)에 호소할 수 있도록 희망(hope)과 같은 미래 지향적 메시지를 전달하거나, ② 친환경 제품의 디자인, 기능적 성능, 감당할 수 있는 비용 수준 등을 개선하여 친환경 제품을 혁신적이고 소비자가 만족할 만한 충분한 가치의 창출이 가능한 대상이라고 인식하게 만들거나, ③ 친환경 제품 관련 정보의 비대칭성을 줄여 소비자들이 기업의 지속가능 경영 방침을 이해하고 지지할 수 있도록 만들어주어 소비자 스스로 주도적으로 지속가능한 목표를 설정하고 달성할 수 있는 환경을 조성해 주어야 할 것이다.

참고문헌

남정미, 유소이. (2015). 계획적 행동이론의 확장모델을 적용한 공연예술상품의 소비자 행동분석. 소비문화연구, 18(2), 63-88.

Abdul-Muhmin, A. G. (2007). Explaining consumers' willing ness to be environmentally friendly. *International Journal of Consumer Studies*, 31(3), 237-247.

Ajzen, I. (1991). The theory of planned behavior. *Organizational behavior and human decision processes*, 50(2), 179-211.

Baca-Motes, K., Brown, A., Gneezy, A., Keenan, E. A., & Nelson, L. D. (2013) Commitment and behavior change: Evidence from the field. *Journal of Consumer Research*, 39(5), 1070-1084.

Bartels, J., & Onwezen, M. C. (2014). Consumers' willingness to buy products with environmental and ethical claims: the roles of social representations and social identity. *International Journal of Consumer Studies*, 38(1), 82-89.

Bulut, C., Nazli, M., Aydin, E., & Haque, A. U. (2021). The effect of environmental concern on conscious green consumption of post-millennials: the moderating role of green washing perceptions. Young Consumers.

Chekroun, P., & Brauer, M. (2002). The bystander effect and social control behavior: The effect of the presence of others on people's reactions to norm violations. *European Journal of Social Psychology*, 32(6), 853-867.

Chen, Y. S., & Chang, C. H. (2013). Greenwash and green trust: The mediation effects of green consumer confusion and green perceived risk. Journal of business ethics, 114(3), 489-500.

Cialdini, R. B., Demaine, L. J., Sagarin, B. J., Barrett, D. W., Rhoads, K., & Winter, P. L. (2006). Managing social norms for persuasive impact. *Social influence*, 1(1), 3-15.

Cialdini, R. B., Reno, R. R., & Kallgren, C. A. (1990). A focus theory of normative conduct: Recycling the concept of norms to reduce littering in public places. *Journal of personality and social psychology*, 58(6), 1015.

Dubois, D., Rucker, D. D., & Galinsky, A. D. (2015). Social class, power, and selfishness: When and why upper and lower class individuals behave unethically. *Journal of personality and social psychology*, 108(3), 436.

Essoussi, L. H., & Linton, J. D. (2010). New or recycled products: how much are consumers willing to pay?. *Journal of Consumer Marketing*.

Fiske, S. T. (1993). Controlling other people: The impact of power on stereotyping. *American psychologist*, 48(6), 621.

Gershoff, A. D., & Frels, J. K. (2015). What makes it green? The role of centrality of green attributes in evaluations of the greenness of products. *Journal of Marketing*, 79(1), 97-110.

Garvey, A. M., & Bolton, L. E. (2017). Eco-product choice cuts both ways: How proenvironmental licensing versus reinforcement is contingent on environmental consciousness. *Journal of Public Policy & Marketing*, 36(2), 284-298.

Goldstein, N. J., Cialdini, R. B., & Griskevicius, V. (2008). A room with a viewpoint: Using social norms to motivate envi ronmental conservation in hotels. *Journal of consumer Research*, 35(3), 472-482.

Grob, A. (1995). A structural model of environmental attitudes and behaviour. *Journal of environmental psychology*, 15(3), 209-220.

Green, T., & Peloza, J. (2014). Finding the right shade of green: The effect of advertising appeal type on environmentally friendly consumption. *Journal of Advertising*, 43(2), 128-141.

Griskevicius, V., Tybur, J. M., & Van den Bergh, B. (2010).

Going green to be seen: status, reputation, and conspicuous conservation. *Journal of personality and social psychology*, 98(3), 392.

Gifford, R., & Nilsson, A. (2014). Personal and social factors that influence pro-environmental concern and behaviour: A review. *International journal of psychology*, 49(3), 141-157.

Gupta, S., & Ogden, D. T. (2009). To buy or not to buy? A social dilemma perspective on green buying. *Journal of consumer marketing*.

Higgins, E. T. (1987). Self-discrepancy: a theory relating self and affect. *Psycho-*

logical review, 94(3), 319.

Hosta, M., & Zabkar, V. (2020). Antecedents of environmentally and socially responsible sustainable consumer behavior. *Journal of Business Ethics*, 1-21.

Kaiser, F. G. (2006). A moral extension of the theory of planned behavior: Norms and anticipated feelings of regret in conservationism. *Personality and Individual Differences*, 41(1), 71-81.

Lee, J., Bhatt, S., & Suri, R. (2018). When consumers penalize not so green products. *Psychology & Marketing*, 35(1), 36-46.

Lin, Y. C., & Chang, C. C. A. (2012). Double standard: The role of environmental consciousness in green product usage. *Journal of Marketing*, 76(5), 125-134.

Luchs, M. G., Naylor, R. W., Irwin, J. R., & Raghunathan, R. (2010). The sustainability liability: Potential negative effects of ethicality on product preference. *Journal of Marketing*, 74(5), 18-31.

Lyon, T. P., & Maxwell, J. W. (2011). Greenwash: Corporate environmental disclosure under threat of audit. *Journal of Economics & Management Strategy*, 20(1), 3-41.

Newman, G. E., Gorlin, M., & Dhar, R. (2014). When going green backfires: How firm intentions shape the evaluation of socially beneficial product enhancements. *Journal of Consumer Research*, 41(3), 823-839.

Peloza, J., White, K., & Shang, J. (2013). Good and guilt-free: The role of self-accountability in influencing preferences for products with ethical attributes. Journal of Marketing, 77(1), 104-119.

Peter, J. P., Olson, J. C., & Grunert, K. G. (1999). Consumer behavior and marketing strategy.

Rucker, D. D., & Galinsky, A. D. (2008). Desire to acquire: Powerlessness and compensatory consumption. Journal of Consumer Research, 35(2), 257-267.

Rucker, D. D., Galinsky, A. D., & Dubois, D. (2012). Power and consumer behavior: How power shapes who and what consumers value. *Journal of Consumer Psychology*, 22(3), 352-368.

Salmivaara, L., Lombardini, C., & Lankoski, L. (2021). Examining social norms among other motives for sustainable food choice: The promise of descriptive norms. *Journal of Cleaner Production*, 311, 127508.

Schiffman, L. G., & Wisenblit, J. L. (2019). Consumer Behavior (Twelfth). England: Pearson.

Schultz, P. W., Nolan, J. M., Cialdini, R. B., Goldstein, N. J., & Griskevicius, V. (2007). The constructive, destructive, and reconstructive power of social norms. *Psychological science*, 18(5), 429-434.

Tajfel Tajfel, H., & Turner, J. C. (1985). The social identity theory of inter-group behavior. *Psychology of Intergroup Relations*, 6-24.

Van Vugt, M., Griskevicius, V., & Schultz, P. W. (2014). Naturally green: Harnessing stone age psychological biases to foster environmental behavior. *Social Issues and Policy Review*, 8(1), 1-32.

White, K., Habib, R., & Hardisty, D. J. (2019). How to SHIFT consumer behaviors to be more sustainable: A literature review and guiding framework. *Journal of Marketing*, 83(3), 22-49.

PART

04

지속가능한 소비와 지속가능한 브랜드

CHAPTER 06 지속가능한 소비를 구현하는 브랜드 커뮤니티 : BAC(Blackyak Alpine Club)

– 유창조(동국대)

Chapter
06

지속가능한 소비를 구현하는 브랜드 커뮤니티 : BAC(Blackyak Alpine Club)

| 제1절 |

브랜드 커뮤니티의 진화과정

1. 브랜드 커뮤니티의 등장과 발전과정

브랜드 커뮤니티란 특정 브랜드를 좋아하는 사용자들이 모여 브랜드의 사용경험을 공유하는 사회적 집합체이다. 인터넷이 상용화되면서 특정 브랜드를 사용하는 사람들끼리 정보를 공유하고 함께 행사를 진행할 수 있게 되면서 사용자들이 서로간 지리적 공간의 한계를 극복할 수 있게 된 것이다. 브랜드 커뮤니티의 대표적인 예는 할리 데이비슨 오너들이 형성한 HOG(Harley Davidson Owner's Group)이다. 이 커뮤니티에 회원으로 직접 가입해 함께 활동하면서 회원들의 소비경험을 분석한 학자들이 있었는데(McAlexander et al., 2002; Muniz & O'Guinn, 2001), 이들은 고객중심의 브랜드 커뮤니티라는 새로운 모형을 소개한 바 있다. 이후 브랜드 커뮤니티는 고객관리의 중요한 수단으로 주목받아 왔다.

브랜드 커뮤니티는 운영의 주체가 누구냐에 따라 크게 세 가지(기업 주도형, 상호 관계형, 소비자 주도형)로 구분되면서 발전되어 왔다. 첫째는 기업 주도형으로 기업이 고객을 관리하는 차원에서 브랜드 커뮤니티를 운영한다. 회사는 고객을 회원으로 초대하기 위해 제품이나 서비스에 대한 다양한 정보를 제공하고 회원들에게 구매시 특별한 혜택을 제공하기도 하며 회원들이 교류할 수 있는 공간을 제공한다. 국내에서 기업 사이트에 만들어지는 커뮤니티가 이에 속한다. 둘째는 상호 관계형이다. 이 경우 소비자가 회사의 의사와 관계없이 브랜드와 관련된 공동관심사와 체험요인을 공유하기 위하여 브랜드 커뮤니티를 만들고 핵심 운영자들과 회원들이 활동내용을 설계하는 형태다. 이후 메이커가 핵심 운영자들과 협의해 상호 협력할 방안이 모색된다(황장선, 도선재, 2011). 이때 운영진을 포함한 회원들은 메이커의 마케팅활동에 반응하는 수동적인 역할에서 벗어나 자신들의 의견이나 경험을 전달하는 능동적 관계를 갖는다. 국내의 경우 테슬라 오너스 그룹이나 미니 코리아의 경우가 이에 해당된다. 셋째는 소비자 주도형으로, 핵심 소비자들이 브랜드와 관련된 커뮤니티를 구성한 후 회원을 확보해 다양한 형태의 교류 프로그램을 운영한다. 이러한 커뮤니티는 회사와 관계없이 핵심 회원들이 운영과 활동을 주도한다. 다만 회사는 이들과 적절한 관계의 역할을 모색하는데, 커뮤니티 운영진의 동의를 얻어 커뮤니티 활동을 지원하거나 후원하는 것이 일반적이다. 이러한 성격의 브랜드 커뮤니티는 국내에서 자주 목격되지 않는데, 프로야구 또는 프로축구단 서포터스가 이러한 유형에 속한다(유창조, 정혜은, 2004).

브랜드 커뮤니티 운영의 주체와 관계없이 회원 확보는 커뮤니티 활성화에 결정적인 영향을 미치는데, 가입동기는 크게 효용적 동기, 쾌락적 동기 및 관계 지향적 동기로 분석되어 왔다(이경렬, 최일도, 2007; 조희정, 류석진, 전시홍, 이현아, 2015; 최지원, 김현칠, 한상필, 2011). 효용적 동기는 제품 사용 및 구매와 관련된 정보를 얻기 위한 것이고, 쾌락적 동기는 제품을 사용하는 특별한 경험을 발견하거나 공유하기 위한 것이며, 관계 지향적 동기는 같은 관심사를 갖고 있는 회원들과의 교류를 위한 것이다. 커뮤니티 활성화는 이러한 동기들이 회원들에게 얼마나 잘 충족되는가에 달려 있다.

커뮤니티의 주요 활동은 다음과 같이 구분될 수 있다(성영신, 임성호, 2002). 첫째는 정보교환 활동으로 제품에 대한 정보를 교환하는 행위로 회원들이 얼마나 쉽고 편리하게 정보를 올리고 공유할 수 있는가가 중요하다. 둘째는 제품 교환 및 판매/구매 활동으로 회원들 간의 신뢰를 바탕으로 서로가 필요한 제품을 교환 및 판매하기도 하고 공동으로 구매하기도 한다. 셋째는 사용경험을 공유하는 활동으로 자신의 경험을 다른 회원들과 공유하고 다른 회원들과 함께 브랜드를 사용하는 행사를 진행하기도 한다. 넷째는 회원들과의 교류활동으로 회원들이 소모임을 만들어 친목을 도모하면서 관계를 유지하거나 강화하기도 한다. 마지막은 소비자 권익 추구 활동으로 브랜드 및 제품/서비스와 관련해 개선이 필요한 사항들에 대해서는 적극적으로 알리고 문제를 해결하기 위해 함께 노력하는데, 이는 소비자로서 더 나은 제품과 서비스를 사용하기 위함이다. 회원들은 이러한 활동들 통해 소속감, 성취감, 자부심 및 책임감이라는 심리적 가치를 느끼게 되고 그 결과 그 브랜드를 소유하고 있다는 주인 의식을 느끼게 된다. 회원들이 브랜드 커뮤니티 활동을 통해 경험하는 심리적 가치들은 브랜드의 자산 가치에 긍정적으로 영향을 미치기 때문에 브랜드 관리자들에게 고객 관리를 위한 전략적 수단으로 인식되고 있다.

2. 브랜드와 소비자의 역할 변화에 따른 브랜드 커뮤니티의 진화

인터넷과 모바일로 통칭되는 뉴미디어의 등장 그리고 최근 소셜 미디어의 등장은 소비자들에게 새로운 경험 영역을 제공하고 있다. 소비자들은 쉽게 서로 정보를 공유하고 함께 활동하며 협력할 수 있게 되면서 기업과 소비자와의 관계를 근본적으로 변화되고 있다. 과거 기업과 소비자의 관계는 기업이 주도적인 역할을 했다. 기업이 생산한 제품을 소비자에게 제공하고 제품에 대한 대부분의 정보가 기업의 주도하에 일방적으로 제공되었고, 소비자는 제한적인 정보 내에서 주어진 대안들 중 선택할 수밖에 없었고 소비자는 선택시 자신의 희생을 최소화(customer sacrifice: 소비자는 자신이 진정으로 원하는 것과 실제로 구매하는 것과의 차이)하기 위한 의사결정을 할 수밖에 없었다(Pine & Gimore, 1999). 이 시기 소비자의 역할은 수동적인 구매자였다.

새로운 기술로 무장된 뉴미디어는 소비자에게 무한한 정보를 제공해주고 있고, 소비자는 이를 효율적으로 탐색할 수 있게 되었다. 또한 소비자들은 아무런 제약 없이 커뮤니티를 구성하여 구성원들 사이의 자유로운 정보교환을 시작했고 공유된 정보를 바탕으로 기업에게 다양한 요구를 할 기회를 갖게 되었다. 소비자는 기업이 제품이나 서비스를 생산하는 과정에 참여하기도 하고 제품 사용 후 문제점을 전달하면서 시정을 요구하기도 한다(Jenkins, 2006). 기업과의 관계에서 소비자의 역할이 수동적 구매자에서 참여자로 진화된 것이다. 최근 공연무대에서 공연자가 관람객의 참여를 기획하는 모습이 자주 목격되고 있고, 예술품 관련 전시회에서도 작가와 관람객이 서로 섞여 진행되는 행사는 이제 필수적인 프로그램으로 정착되고 있다((Lancaster, 1997; 유창조, 백지은, 2006). 또한, 홍대앞 예술시장의 모든 구성원들은 판매자, 구매자, 고객의 역할을 함께 수행하는 모습을 보여주기도 한다(유창조, 김미나, 2007).

소비자들은 이제 더 나아가 독립된 개체로서 정체성을 확립하기 시작했다. 최근 소비자들은 기업이 제공하는 제품을 단순히 사용하지 않고, 자신의 욕구를 완성하기 위해 개조하기도 하고, 다양한 치장을 통하여 개성을 표현하기도 하고, 주어진 정보를 이용하고 새로운 창작물을 만들기도 하며, 기업이 미처 생각하지 못한 새로운 가치와 용도를 발견하기도 한다(Caru & Cova, 2007; Sherry, Kazinets, & Borghini, 2007). 소비자는 제품의 소비를 하나의 놀이로 인식하면서 새로운 가치와 소비문화를 발현하는 주체(originators of new consumption culture)가 되고 있다. 이러한 발현석 소비현상은 한국에서 발견되는 고유한 현상으로 볼 수도 있다. 이와 관련한 가장 대표적인 예는 2002년 월드컵에서 나타난 길거리 응원이다. 유창조(2007)는 2002년의 길거리 응원이 전혀 기획되지 않은 상황에서 대규모의 군중이 모여 자발적인 역동적인 집단응원을 펼치면서 하나의 커뮤니티의 행사가 국가적인 축제로 발전되는 과정을 분석하면서, 이러한 변화의 기저에 숨어있는 가치로 구성원들의 주인공의식을 언급한 바 있다. 또한, 이 연구에서는 기존 구성원의 위계적 질서가 역전되는 현상도 목격되었다(예: 여성과 남성의 지위 역전, 기성세대와 신세대의 지위 역전). Turner(1969)가 의례적 전통의 변화과정과 관련해 제시한 바 있는 지위의 역전형상이 목격되었던 것이다. 기업과 소비자의 관계에서 소비자들은 이제 주도자가 되기 원한다. 참여자로서의 소비자는 기업에게 어떤 영향을 미치고사 하는 목적성을 갖고 있다면, 소비문화 발현자로서의 소비자는 기업과의 관계를 의식하지 않고 자신들의 모임 자체를 즐기면서 자신들만의 고유한 문화를 생성해 나가는 것이다.

브랜드 커뮤니티도 새로운 방향으로 진화되고 있다. 브랜드라는 공동 관심사에서 벗어나 소비자들은 취미를 공유하기 위한 커뮤니티를 만들고 이러한 커뮤니티는 기업과 특별한 관계를 갖기 원하지 않는다. 또한 커뮤니티를 구성한 동기가 특정 브랜드를 좋아하기 때문이 아니라 경영자의 경영철학에 공감하기 때문인 경우도 등장했다. 테슬라 오너스 클럽이 한 예인데, 핵심 회원들은 엘론 머스크의 경영철학을 공감하고 이를 전파하기 위해 커뮤니티를 만들었다.

이러한 변화과정에서 국내에 새로운 유형의 브랜드 커뮤니티가 등장했다. 아웃도어 사업을 하고 있는 블랙야크는 레저를 좋아하는 소비자들을 위해 BAC(Blackyak Alpine Club)라는 커뮤니티를 만들었다. 이 커뮤니티는 회사가 운영하는 소셜 액티비티 플랫폼이다. 이 커뮤니티의 목적은 회원들에게 등산을 통해 도전의 가치를 체험할 수 있게 해 주는 것이다. 이 커뮤니티가 특별한 것은 회원들에게 명산을 등정하는 즐거움과 함께 산에 있는 쓰레기를 수거하는 역할을 제안하고 있다는 점이다. 블랙야크 강태선 회장은 산악인으로 평소 등산을 자주 해 왔고 그 과정에서 산에 버려진 쓰레기를 목격하면서 이를 수거해 자연환경을 보호하기 위해 커뮤니티를 만들었다. 등산시 산에 버려진 쓰레기를 수거하자는 회사의 제안에 회원들이 호응하면서 이른바 지속가능한 소비가 실천되고 있다. 이하에서는 이러한 커뮤니티가 등장하게 된 배경과 활동을 소개하기로 한다.

| **제 2 절** |

블랙야크의 도전정신과 경영철학의 정립

1. 국산 브랜드로서 국내에서의 1위 자리에 도전하다

블랙야크를 창립한 강태선 회장은 산악인이다. 강회장은 1973년 동진사를 설립해 기성복을 판매하기 시작했다. 당시 강회장은 국내에서 등산장비가 원활하게 수급되지 못하고 있음을 확인하고 산악인들에게 필요한 용품을 공급하기 시작했고, 사명을 동진산악으로 바꿨다. 이후 국내에서 레저 붐이 시작되고 그에 따라 아웃도어라는 산업이 형성되기 시작했다. 이러한 환경변화에 대처하기 위해 강회장은 회사의 이름을 ㈜동진레저로 바꾼 후 레저시장에 본격적으로 뛰어들게 된다.

강태선 회장은 사업 초기부터 거봉산악회와 관계하면서 각종 산악인 모임에 참여해 왔는데, 1993년 히말라야원정대에 단장으로 참여하면서 야크를 만나게 된다. 야크는 험준한 고산지대에서만 사는 검은 소로 히말라야 고산지대에 사는 셰르파에게는 없어서는 안 될 소중한 동물이다. 신비롭고 강한 인상의 검은 소 '야크'는 60㎏ 이상의 짐을 지고도 천 길 낭떠러지의 절벽을 자유자재로 다니면서 산악 원정대들에게는 장비를 운반해 주는 동반자가 된다. 야크의 우유는 치즈로 사용되어 식량이 되고 털은 추위를 이길 수 있는 옷이 되고 배설물조차 나무가 자라지 않는 고산에서는 소중한 연료가 된다. 강태선 회장은 "인간과 야크가 공생하는 삶을 보며 모두가 함께 누릴 수 있는 지속 가능한 삶의 방법"에 대해 고민하게 되었고, 이런 야크의 본성으로부터 '자연과 인간의 공존'이라는

출처: 블랙야크

사업 미션을 세우고 블랙야크란 브랜드를 국내 시장에 소개한다. 강회장은 블랙야크를 '신뢰와 명예'를 상징하는 브랜드로 키워 '명예를 소중히 생각하고 믿음으로 삶을 영위하는 산악인을 위한 제품'을 만들겠다고 선언한 것이다.

강태선 사장은 등산복에 패션 감각을 입히기 시작했다. 패션의류로 자리매김한 블랙야크는 등산객들의 안전을 위한 최고 수준의 기능성과 함께 멋진 스타일을 제공하기 위한 디자인 감각을 제시하게 된다. 블랙야크는 가장 열악한 조건의 환경에서도 견딜 수 있는 강인함과 패션의 결합을 보여주면서 외국의 유명 브랜드를 제치고 국내 아웃도어 시장에서 선도 브랜드로 도약하게 되고, 강태선 회장은 2009년 주식회사 블랙야크를 그룹명으로 사용하기로 결정한다.

이후 블랙야크는 한국산 브랜드로서 국내 아웃도어 시장에서 독보적인 위치를 확보하게 되는데, 강회장은 이에 안주하지 않고 글로벌 브랜드로의 도약을 선언했다. 이를 위한 전략으로 앞서가는 기술력과 현대적 감각의 디자인 개발, 국제 시장에서의 인지도 확보, 친환경 브랜드 NAU 인수를 통한 친환경 정체성 강화가 선정되었다. 블랙야크는 현재 이 세 가지 전략을 체계적으로 구현하고 있다.

2. 산에 버려지는 쓰레기에 주목하다

강태선 회장은 산악인으로 회원들과 함께 국내외 산을 직접 등정하면서 산에 버려지는 쓰레기 문제를 직접 목격하게 된다. 등산의 가치는 복잡한 생활에서 벗어나 산을 찾고 공해를 피해서 맑은 공기를 마시며 건강을 다지면서 답답하고 피로한 심신을 달래주는 것이다. 모든 등산객이 등산의 가치를 지속적으로 누리기 위해서는 산을 보호해야 한다고 생각하게 된다. 강태선 회장의 친환경 경영은 이러한 인식에서 시작되었고 사업이 본 궤도에 올라서면서 환경보존활동은 본격화되는데, 대표적인 예들을 소개하면 다음과 같다.

2008년 블랙야크는 범국민 폐휴대폰 수거 캠페인을 한국전자산업 환경협회와 함께 진행했다. 당시 연간 1,600만 대의 폐휴대폰이 배출되지만 업체를 통해서 수거되고 있는 물량은 약 500만 대에 불과했다. 자원손실과 환경오염 우려의 지적이 높았다. 폐휴대폰은 금·은·동 등의 금속이 함유되어 있어 재활용 가치가 아주 높다. 블랙야크와 마운티아는 폐휴대폰을 수거해 오는 고객들에게 20% 할인권을 제공했으며, 카리모어는 고급 2중 보온 컵을 증정했다. 이 행사는 목표량을 넘어 35만 대의 폐휴대폰을 수거하는 성과를 거두었다.

동진레저는 2008년 F/W 시즌 테마를 'Extreme Limit'로 정하고 블랙야크는 물론 마운티아와 카리모어의 전문가용 라인도 강화를 시켰다. 극한에 도전하는 산악인들의 알피니즘 정신을 제품에 반영했다. 이때 스포츠 클라이밍 활성화를 위한 CNC 라인과 친환경 소재를 사용한 오가닉 라인도 강화했다. 오가닉 라인은 리사이클 소재와 코코넛 등을 사용한 원단으로 에코 패션 제품을 지향한 제품이다. 강태선 사장은 "친환경 소재에 대한 소비자들의 인식이 아직 높지 않지만, 지구의 환경을 생각하는 기업의 정신을 잘 이해시키는 브랜드가 앞으로 시장을 주도하는 기업이 될 수 있다."라고 역설한 바 있다.

블랙야크의 친환경 활동은 국내뿐만 아니라 해외에서도 전개되었다. 그는 중국에 진출해있는 블랙야크는 만리장성 환경보호 운동에 전개한 바 있다. 당시 블랙야크는 환경보호 캠페인 광고를 집행하면서 만리장성에 쓰레기통을 설치하기 시작했고 2005년엔 블랙야크 만리장성용 대형 쓰레기통 설치 전수식이 개최되었고 '만리장성을 지키는 친구들'이라는 환경단체에 등산용품을 제공했다.

블랙야크는 네팔의 대지진 피해 지역을 돕고 교육을 지원하는 네팔 재건 사업도 진행한 바 있다. 네팔과 각별한 인연이 있는 블랙야크는 대지진 이후 자발적 모금활동을 통해 총 12억원 규모 상당의 물품과 성금, 긴급 구호팀 등을 지원하며 네팔의 피해복구에 관심을 가져왔다. 이후, 재건 사업 대상 마을과 학교를 선정해 132평 규모에 12개의 교실을 갖춘

[그림 6-1] **만리장성 대형 쓰레기통 설치 전수식**

출처: 블랙야크

2층 건물의 학교를 재건했다. 블랙야크는 이 외에도 기후변화(지구 온난화)로 파괴되는 남극과 북극을 보조하기 위해 W-재단이 진행하고 있는 'HOOXI' 캠페인도 후원하고 있다.

3. NAU를 인수하면서 회사의 미션(인간과 자연과의 공존)을 정립하다

블랙야크는 앞서 설명한 바와 같이 쓰레기를 수거하거나 나무를 심는 등 자연보호 활동을 초기부터 전개해 왔다. 블랙야크가 글로벌 시장 진출을 선언하고 해외 시장을 분석하면서 NAU라는 브랜드를 만나게 되고 이 브랜드를 인수해 직접 운영하면서 친환경에 대한 가치가 경영철학으로 정립되게 된다. 창출한 이윤 중 일부를 친환경을 위한 활동에 쓰는 것이 아니라 친환경에 바탕을 둔 사업을 전개하기 시작한 것이다.

NAU는 2007년 미국 오리건 주 포틀랜드에서 론칭된 아웃도어 브랜드로 사업에서 친환경주의라는 철학을 구현하고 있었다. 이 브랜드는 'Unfuck the World'와 'Sustainable Comes Standard'라는 슬로건을 바탕으로 100% 친환경 소재를 사용하면서 패션사업을 넘어 사람들의 라이프 스타일에 지속가능성이라는 가치를 실천하고 있다. NAU라는 회사는 오가닉 코튼을 쓰더라도 이 코튼이 만들어지는 지역, 그 공장 내에서 일하고 있는 노동자들의 근무환경, 그리고 만들어지는 과정에서 사용되는 물이나 염료 등에 대해 처리되는 과정을 세심하게 확인하고 있었다. 이 브랜드는 제품이 유통되는 과정에서도 그들은 지속가능성의 기준을 제시하고 있었고 생산된 제품이 공장에서부터 물류, 매장, 그리고 최종 소비자까지 도달하는 과정을 도표화해놓고 그 물류 이동 과정에서 발생되는 탄소배출량(carbon footprint)을 최소화할 수 있는 방법이 무엇인지 연구해 왔다. 강태선 회장은 이 브랜드의 철학이 블랙야크가 추구하는 미션과 잘 맞는

다고 판단하고 1년여의 논의를 거쳐 브랜드를 인수하게 되었고 블랙야크는 NAU의 친환경가치 그리고 이를 구현하는 구체적인 경영활동을 직접 배우게 되었다.

이때 강태선 회장은 사업을 통해 아름다운 자연을 보호해야 한다는 사업소명을 정립하고 이를 바탕으로 의류 전문 브랜드인 블랙야크의 사업 미션을 '인간과 자연의 공존'으로 설정하게 된다. 블랙야크의 제조철학엔 디자인 철학(인체공학적인 설계와 아름다운 컬러, 패턴, 기능성을 지닌 최상의 소재를 조합하여 블랙야크만의 기능적이면서도 아름다운 제품을 완성)과 함께 장인정신, 정밀성이 있는데, 그중에서도 강조하는 것이 지속가능성이다. 블랙야크가 가치에 기반한 친환경활동을 전개하기 시작한 것이다.

이후 블랙야크는 친환경 제품개발에 남다른 관심을 가지고 이를 위한 연구를 지속해 왔다. 블랙야크는 2013년부터 의류 제품에는 긴 사슬 발수제(PFOA)가 아닌 C-6 이하의 짧은 사슬 발수제를 사용하는 등 국내에 마련된 기준이 없음에도 자체적으로 유럽 환경청의 기준을 만족하는 친환경 정책을 실천하고 있다. 블랙야크는 2015년 국내 패션기업 최초로 친환경정책 야크그린(YAK GREEN)을 선포하고 산업통상자원부 국책 사업의 지원을 받아 친환경 발수제를 적용한 기능성 팬츠를 선보였고, 현재는 제품군을 확대하고 있다. 또한 국내 최초로 물을 사용하지 않고 이산화탄소로 염색해 물 방류량을 절감하는 염색법을 적용하거나, 자연 그대로의 시원함과 쾌적함을 느낄 수 있는 친환경 한지 섬유의 제품을 선보이는 등 자연 및 인체 친화적 제품을 지속적으로 선보이고 있다. 블랙야크는 2018년 전 제품에 대해 채취, 생산, 유통 등 전 생산 과정에서 동물 복지 기준을 준수한 RDS(Responsible Down Standard)[1]를 인증 받았고, 2019년 살아있는 오

---

1 조류에서 털을 얻기 위해 살아있는 동물의 털을 뽑는 라이브 플러킹(live plucking)을 하지 않고 윤리적인 방법으로 털을 채취하여 만든 다운 제품에 발행되는 인증마크이다.

리나 거위의 솜털, 깃털을 뜯어내지 않고 버려진 침구류 등에서 채취한 우모를 철저한 세척과 건조 작업으로 재가공한 다운 제품을 처음으로 소개하면서 업계 '리사이클 다운' 활용을 선도하고 있다.

NAU 인수는 회사가 국제기구들이 강조하는 지속가능한 소비라는 사회적 명제를 블랙야크에 내재화하는 계기를 마련해 주었다. 그리고 블랙야크는 이를 넘어서 소비자와 함께하는 친환경 활동이라는 새로운 영역을 개척하게 된다.

| 제 3 절 |

지속가능한 소비를 구현하는 브랜드 커뮤니티의 등장: BAC(Blackyak Alpine Club)

앞서 첨단기술의 등장으로 기업과 소비자의 관계에서 소비자 역할이 변화되고 있음을 설명한 바 있다. 과거 수동적인 소비자에서 참여하고 협력하는 소비자로 그리고 새로운 소비문화를 만들어가는 소비자로 바뀌고 있다. 이러한 변화 속에서 사회적 역할을 담당하는 브랜드 커뮤니티가 등장했다. 국내에는 잘 알려져 있지 않지만, 블랙야크에는 BAC(Blackyak Alpine Club)라는 브랜드 커뮤니티가 있다. 저자는 브랜드를 사용하는 소비자들로 구성된 브랜드 커뮤니티가 사회적 가치를 위한 활동이나 친환경활동을 전개한 사례를 접한 적이 없다. 대부분의 브랜드 커뮤니티 활동의 목적은 제품 정보 공유, 제품을 통한 회원들 간 체험활동 및 교류 등이다. 그러나 블랙야크의 BAC 커뮤니티 회원들은 멋진 등산을 함께 체험하면서도 등산을 통해 자연을 보호하는 활동을 한다. 이 커뮤니티가 만들어진 과정은 다음과 같다.

1. 나눔 재단의 설립

블랙야크는 '인간과 자연과의 공존'이라는 기업사명을 구현하기 위해 2013년 공익재단 '블랙야크강태선 나눔 재단'을 설립했다. 이 재단은 환경(산으로부터 시작된 환경에 책임을 다함), 사람(소외계층을 도와 자립에 도움을 줌), 미래(아동과 청년의 잠재력을 인정하고 가치구현에 도움을 줌)라는 미션을 설정하고 다양한 활동(소외계층 지원, 지역사회 봉사활동, 해외지원 사업, 재난응급구호, 사회복지 지원)을 전개하고 있다. 이 재단은 단순히 소외계층이나 빈곤층을 지원해 주는 것을 넘어서 우리나라의 아름다운 자연을 가꾸어 나가는 활동을 하고 있다.

[그림 6-2] 나눔 재단의 소명 및 비전

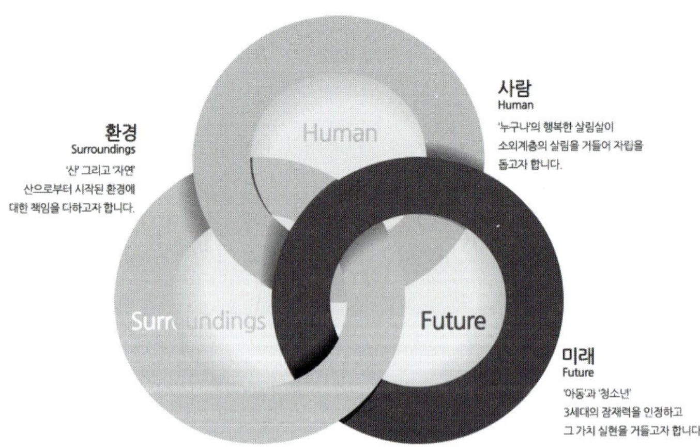

출처: 블랙야크 웹 사이트

나눔 재단은 구체적인 환경보호 활동을 하고 있다. 나눔 재단은 2016년부터 대학(원)생을 중심으로 블랙야크 청년 셰르파를 모집해 이들을 환경지킴이(Y.A.K.: you are keeper) 활동도 전개하고 있다. 이 청년 셰르파들은 중국 네이멍구 쿠부치 사막에서 황사와 미세먼지 방지를 위한 활동을 전개해 왔다. 쿠부치 사막은 세계에서 9번째로 큰 사막으로 동북아시아 황상의 진원지로 알려져 있고 서울이 5배가 되는 면적에서 사막화가 진행되고 있다. 이 프로젝트는 연 1회 5박6일 일정으로 진행하고 있는데, 이 기간 동안 쓰레기 수거를 통한 환경정화 활동, 식목 활동 및 식수 활동이 전개된다. 블랙야크는 블랙야크 청년 나눔 셰르파를 구성해 직원들과 함께 이 지역에 지금까지 2,000여 그루의 나무를 심어 희망의 숲을 조성했고 매년 사업규모를 확장하면서 쿠부치 사막 내에 블랙야크 그린 존을 조성하고 있다.

또한, 이 재단은 2020년부터 청년 나눔 셰르파들이 중심이 되어

[그림 6-3] 황사 초미세 먼지 유입경로

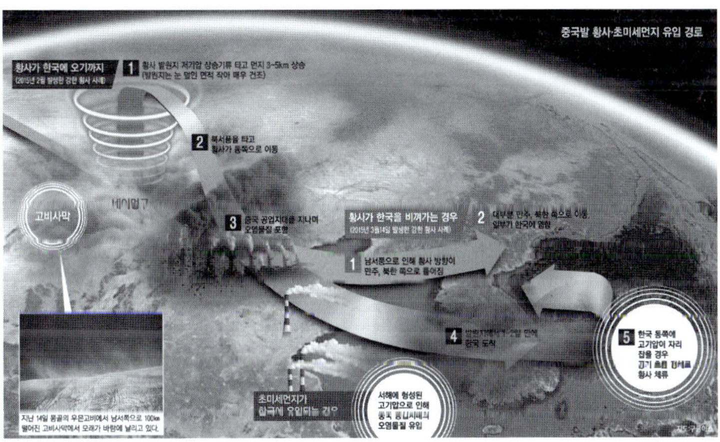

출처: 블랙야크 웹 사이트

[그림 6-4] 청년 셰르파 발대식의 모습

출처: 블랙야크

K-pure 섬티아고 프로젝트도 진행하고 있다. 이 프로젝트의 목적은 해양 오염의 실태를 파악하고 비치코밍 활동을 통해 섬 주변 해양쓰레기를 정화시키는데 있다. 관광객 유치 활성화에 주력하고 있는 지자체 소재 섬 지역 중 재정 자립도가 낮은 곳을 대상으로 해양쓰레기 정화활동이 전개되는데, 2020년의 경우 전라남도 우이도에 40명의 청년 셰르파가 선발되었다. 당시 6,000L의 쓰레기가 수거되었고 올해에도 확대되어 진행될 예정이다. 자연을 보호한다는 자부심과 함께 탐험을 즐거움을 함께 누릴 수 있은 선발행사에 더 많은 젊은이들이 지원하게 될 것이다.

2. 산에 버려진 쓰레기를 수거하는 BAC(blackyak Alpine Club)의 탄생

블랙야크는 소비자들의 레저 생활을 활성화하고 등산을 통한 도전정신을 고취하기 위하여 특별한 커뮤니티를 만들 계획을 세웠다. 블랙야크는 이 계획의 첫걸음으로 2012년 등산객들이 도전할 만한 가치가 있는 명산 40개를 선정했다. 그리고 2013년 창사 40주년을 기념해 40개의 명산을 도전할 3,000명이 모집되었다. 이 프로그램에 응모한 3,000명 중 1,600여 명이 40개 명산 등반을 완주했고 이들을 중심으로 알파니스트들의 모임이 시작되면서 BAC(Blackyak Alpine Community)라는 커뮤니티가 만들어졌다. 이 커뮤니티는 블랙야크의 어플리케이션에 기반을 둔 소셜 액티비티 플랫폼으로 산을 좋아하는 사람들로 구성되어 있다. 알파니스트는 설산을 오르내리며 도전의 가치를 실천하고 도전을 통해 자연의 위대함을 실천하는 사람들이다. 블랙야크는 이들에게 히말라야를 오르는 수많은 전문 등반가들과 함께 도전할 수 있는 기회도 제공하고 있다. 시간이 지나면서 BAC는 일상에서 도전을 계속하며 자연 속에서 삶의 긍정적인 변화를 이끌어가는 등산 애호가들의 모임으로 확대되었다.

블랙야크는 커뮤니티를 활성화하기 위해 본사에 'extreme team'을 만들고 등산 동호인들을 위한 다양한 프로그램을 개발하고 있다. 대한민국을 대표하는 100대 명산을 오르는 '명산 100' 프로그램(2013년), 백두대간

[그림 6-5] 웹 사이트 도입부에 있는 BAC 소개글

출처: 블랙야크 웹 사이트

을 거니는 '백두대간' 프로그램(2017년), 우리나라 대표적인 섬과 산을 여행하는 '섬&산 100' 프로그램(2017년)이 개발되었고 최근에는 낙동정맥, 한북정맥, 한남동맥, 한남금북정맥 프로그램들이 개발되었다. 이들 프로그램들은 각 지역의 전문 산악인이 미리 답사를 통해 도전단의 안전을 고려해 개발되었다. 회원들은 회사가 준비한 프로그램들을 통해 도전의 가치와 자연의 위대함을 경험하게 된다. 'Extreme Team'은 프로그램과 함께 등산객들의 도전을 위한 다양한 정보(준비물, 등산 상식, 등산 루트 등)를 웹 매거진을 통해 회원들에게 제공하고 있다.

BAC 커뮤니티에는 회원들이 자발적으로 만들어 운영되고 있는 300여 개의 클럽도 있다. 이 클럽들은 동창회나 지역대리점이 중심이 되어 운영된다. 각 클럽은 50명 이내로 제한되고 있고 각 팀은 실적을 서로 경쟁하게 된다. 블랙야크는 실적에 따라 매월 우수클럽을 선정해 이들의 활동을 지원(예: 버스 대여 등)해 주고 있다. 회원들의 도전이 개인 단위로 진행될 수 있고 팀 단위로도 진행될 수 있는 체계가 갖춰진 것이다.

BAC는 블랙야크가 운영하는 브랜드 커뮤니티이고 회원 수는 2021년 6월 26만 명을 돌파했다. 저자가 파악한 바로는 기업이 운영하는 브랜드 커뮤니티 중 회원 수 측면에서 국내 1위이고 회원 수는 계속 증가하고 있다. 그 이유는 무엇일까? 여기엔 블랙야크가 개발한 고유한 운영방식과 회원들에게 부여하는 사회적 역할이 있는데, 아래에서 이를 분석해 보았다.

1) 고유한 운영방식

BAC 커뮤니티는 회사가 주도해 개설한 커뮤니티이지만 개방적으로 운영된다. 산에 관심 있는 사람은 누구나 가입할 수 있는데 앱 스토어나 구글 플레이에서 앱을 다운로드받아 가입하면 된다.

[그림 6-6] 블랙야크 웹 사이트에 있는 BAC 앱 다운 받기

출처: 블랙야크 웹 사이트

블랙야크는 개설 초기 회원들은 가입비 5만원을 받고 가입한 회원들에게 기념품(블랙야크 제품)을 제공했다. 그러나 1년 후 가입비를 없애 회원가입에 대한 문턱을 낮추었다. 블랙야크 제품을 사용하고 있지 않아도 회원으로 가입할 수 있다. 블랙야크가 커뮤니티를 설립한 목적은 소비자들에게 건강관리를 위해 등산을 권장하고 이들이 등산을 통해 도전의 즐거움을 주는 것이었다. 결과적으로 회사가 개설한 커뮤니티이지만 마치 취미 커뮤니티와 비슷한 성격을 갖고 있다. 이러한 회원가입 방식이 변화가 초기 활성화에 중요한 역할을 하게 된다.

회원들이 커뮤니티에 가입하게 되면 매우 독특한 경험을 하게 된다. 명산 탐험에 도전하는 회원들이 성과를 내면, 회사는 이를 인증해 수는 시스템을 만들었다. 히말라야 등정과 관련해 최고봉 등정에 성공한 산악인은 이를 전문가로부터 인증받아야 하는데, 이 방식을 BAC 커뮤니티 활동에 적용한 것이다. 이러한 인증 시스템을 구축하기 위해 블랙야

크의 'extreme team'은 각 지역별로 전문 세르파(지역별 등산 전문가) 100명을 운영하고 있다. 명산 등산을 도전하는 회원들은 회사가 제공하는 앱을 통해 지정된 장소에서 도전을 등록한 후 등정에 성공한 회원들은 이를 사진으로 남겨 앱에 올리게 되면, 세르파들이 등정을 공식적으로 인증해 준다. 이 세르파들은 회원이 도전한 명산을 매우 잘 알고 있기 때문에 정확한 인증을 해 줄 수 있는 능력이 있다. 회원들은 도전을 즐길 수 있을 뿐만 아니라 자신의 도전이 전문가에 의해 인정받는 자부심도 느낄 수 있다. 그리고 인증실적에 따라 회원들에게는 등반 수준의 지표가 되는 레벨(또는 등급)이 부여된다.

Muniz & O'Guinn(2001)은 브랜드 커뮤니티를 연구하면서 특징으로 동류의식(consciousness of kind), 의례와 전통(rituals and tradition), 도덕적 책임감(moral responsibility)을 소개한 바 있다. BAC 커뮤니티 회원들은 동류의식이 매우 강하다. 등산을 좋아하는 사람들이 자발적으로 가입하고 있고 이들은 서로 정보를 공유하면서 회원들이 자발적으로 팀을 구성해 도전하기도 한다. 그리고 인증이라는 고유한 전통이 있다. 회원들은 인증 실적에 따라 새로운 도전(예: 히발라야 등반)을 위한 기회를 가질 수도 있다. 회원들은 등산 도전의 가치를 공유하는 사람들과 자유롭게 교류하고 자신들의 실적을 쌓아가는 전통을 만들어가고 있다.

2) 지속가능한 소비를 실천하는 커뮤니티로의 진화

BAC 회원들은 명산 탐험을 도전만 하는 것이 아니라 바람직한 등산문화를 선도하고 있다. Muniz & O'Guinn(2001)이 언급한 바 있는 도덕적 책임감이 가미된 것이다. 지금까지 운영되고 있는 브랜드 커뮤니티의 도덕적 책임감은 회원들 간 배려가 중심이었지만, BAC는 우리나라 자연환경을 보호한다는 책임감을 스스로 부여하고 있는 것이다. 등산은 시간이 오래 걸리기 때문에 등산객들은 여러 가지 음식을 가지고 가게 되고 이를 적절히 처리하지 않으면 산에 방치되기 쉽다. BAC 회원들은 등산하면서 자신들이 가져간 음식이나 물건들의 흔적을 남기지 않기 위해 노력할 뿐만 아니라 산에 버려진 쓰레기를 수거하는 역할도 하고 있다. 이 커뮤니티가 특별한 이유는 여기에 있다. 예를 들어 '섬앤산 100' 프로그램에서 회원들에게 제시되는 행동 수칙은 다음과 같다.

'섬앤산' 도전 프로그램에서 BAC 회원에게 제시되는 행동 수칙의 예

1. 섬과 산 탐험시 버스 등의 단체 여행을 지양하고 소규모의 지인들과 여행하도록 노력해 주세요.
2. 섬과 산으로 가져간 쓰레기는 반드시 섬을 떠날 때 가지고 나와야 하며 섬과 산을 여행하면서 발견한 쓰레기를 수거해 주세요.
3. 탐험시 되도록 지역에서 소비하도록 노력하여 지역경제 활성화에 도움이 되도록 여행하세요.

블랙야크는 이러한 도덕적 책임감을 커뮤니티 창립 초기(2014년)부터 회원들에게 제시하고 있다. 최근 여러 미디어에서 MZ 세대의 특징이 자주 언급되고 있다. 밀레뉴얼 세대와 Z 세대를 아우르는 의미인데, 이 세대들의 특징 중 커뮤니티와 관련된 것으로 여가 중시와 재미추구가 있다. 그리고 MZ 세대들은 윤리의식이 높고 환경적 가치를 높게 두는 것으로 보고되고 있으며 이러한 특징들은 전 세대와 공유되고 있다.

BAC 회원들은 자발적으로 산, 들, 바다에 버려진 쓰레기를 수거하면서 환경지킴이 역할을 한다. 지속가능한 소비를 선도하고 실천하는 브랜드 커뮤니티로 진화되고 있는 것이다. BAC 커뮤니티 회원들이 선도하는 친환경 활동들은 다음과 같다.

'클린마운틴 365': 블랙야크의 'extreme team'은 회원들에게 등산할 때 최소한의 것만 자연으로 가져가고 돌아올 때는 버려진 쓰레기를 수거하자는 'HEAVIER BACKPACK' 캠페인을 전개하고 있다. 등산을 포함한 아웃도어 활동은 환경을 훼손하거나 오염시킬 우려가 있다. 등산가들은 아웃도어 활동을 하며 손쉽게 일회용 용기와 팩을 사용하며 페트병에 담긴 물과 음료를 마시게 되고 그 결과 흔적들이 남게 된다. 그래서 BAC는 2016년부터 공식적으로 '클린마운틴 365' 활동을 시작했다. 회원들이 등산을 하면서 산들에 있는 페트병과 쓰레기들을 수거하고 있다. 뿐만 아니라 이들은 관련 해시태그로 SNS에 인증 샷을 공유하는 등 자연 보호를 하나의 놀이로 인식하며 보다 적극적으로 활동하고 있다. BAC 회원들은 이러한 클린마운틴 미션을 공유하고 있다. 이들은 앞으로도 명산과 섬을 탐험하는 즐거움과 함께 산, 들, 바다에 버려진 쓰레기를 수거하는 환경 지킴이가 되어갈 것이다. 환경적 가치가 부여된 커뮤니티 활동에 더 많은 동호인들이 참가하게 될 것임은 분명해 보인다.

〈BAC 사이트에 있는 캠페인 안내문〉

'HEAVIER BACKPACK' 최소한의 것만 자연으로 가져가고 돌아올 때는 버려진 쓰레기를 가지고 돌아오는 자연보호 캠페인입니다.

우리는 자연에서 많은 것을 얻습니다. 힘든 일상을 벗어나 자연에서 머무는 동안 몸은 휴식을 취하고, 마음은 새로운 활력을 얻습니다. 그러나 사람들이 자연에서 활동하는 과정은 자연에 대한 환경적 영향을 수반하게 됩니다.

지난 수년간 명산 100과, 백두대간, 섬앤산 등의 프로그램을 함께하면서 우리는 산에 버려진 수많은 쓰레기들을 보아왔습니다. 그것들은 우리 또는 우리와 같은 사람들이 산행을 하면서 버린 쓰레기들입니다. 그리고 8년 동안 우리는 회원들과 함께 버려진 쓰레기들을 주워 담고 있습니다.

'HEAVIER BACKPACK'은 우리의 모든 아웃도어 활동에서 실천해야 할 행동 원칙으로 "더 무거운 배낭이 자연을 지킨다"는 아웃도어 실천 캠페인 입니다. 일회용품 사용을 최소화하고 버려진 쓰레기를 수거하는 'HEAVIER BACKPACK'은 "더 무거운 배낭으로 떠나기"와, "더 무거운 배낭으로 돌아오기"를 실천하는 것을 목표로 합니다. 우리가 자연으로 떠날 때 가벼운 배낭이 항상 최선이 아닙니다. 때로는 더 무거운 배낭이 자연을 위해 더 나은 선택이 될 수 있습니다. 'HEAVIER BACKPACK'은 BAC의 모든 프로그램에 적용되는 활동 수칙이며 자연에 대한 최소한의 배려입니다.

클린 도전단: 회사가 제안한 '클린마운틴 365' 활동은 대부분 BAC 회원과 공유되고 있고, 회원들은 등정시마다 명산 탐험을 즐기면서 버려진 쓰레기를 수거하는 활동을 한다. 블랙야크의 'extreme team'은 보다 적극적으로 명산들을 보호하기 위해 BAC 내에 '클린 도전단'이라는 별도의 커뮤

[그림 6-7] 신안군 우이도에서의 클린 도전단 활동모습

출처: 블랙야크

니티를 만들었다. 회사는 매주 환경보호를 위한 프로그램을 만들어 사이트에 올리면 회원들이 자발적으로 참여하는 형태이다. 또는 회원들이 자율적으로 팀을 구성할 수도 있다. '클린 도전단' 활동의 목적은 환경보호이다. 산과 섬에 버려진 쓰레기를 수거하기 위해 산이나 섬을 탐험하는 것이다. 회사는 클린 도전단의 성과에 따라 포인트를 제공하면서 동기를 부여하고 있다. 일부 지역에서 시도된 '클린 도전단'의 활동은 이제 매주 전국적으로 진행된다. 지금도 '클린 도전단'은 산과 바다에 버려진 많은 쓰레기를 수거해왔고 그 규모는 시간이 지나가면서 커질 것이다.

산에 버려진 쓰레기를 수거하는 활동은 국내로 국한되지 않고 히말라야에서도 진행되고 있다. 강태선 회장은 2018년부터 '클린 히말라야 트래킹'을 기획하고 매년 진행하고 있다. 히말라야 인접 국가들은 쓰레기 처리가 적절하지 않아 등산객이 버린 쓰레기로 산림이 파괴될 우려가 있다는 자료를 접하고 이를 수거하는 활동을 전개하기로 한 것이다. 참가자들은 산악대장, 셰르파, 대리점주로 구성되는데 이들은 에베레스트 베이스캠프(5,400미터 지점)까지 트레킹하면서 버려진 쓰레기를 수거하였다.

블랙야크는 BAC 회원의 활동을 지원하기 위해 2019년 4월 '블랙야크 알파인 클럽 센터(BAC 센터)'를 개관했다. 이 센터는 강북구와 우이동 활성화 업무 협약이 체결되면서 건립되었다. 블랙야크는 알피니즘의 요람으로 불렸던 북한산과 인수봉의 옛 명성 회복을 위해 북한산 도선사 길 초입에 위치한 건물을 매입하고 지상 5층, 지하 3층 규모의 '블랙야크 알파인 센터'를 조성했다. 이 센터엔 성인들과 아동들을 위한 암벽 등반 체험 공간을 제공하면서 해당 지역의 복합문화공간으로 자리 잡고 있다.

3) 성과와 전망

블랙야크의 BAC 커뮤니티는 최근 국내외 여러 기관들로부터 주목받고 있다. 26만 여명에 이르는 회원들이 자발적으로 자연환경을 보호하는 활동을 하고 있기 때문이다. 지금까지 BAC의 성과를 회원현황과 실적으로 요약하고 미래를 전망해 보면 다음과 같다.

회원현황: 블랙야크가 BAC라는 커뮤니티를 설립한 지 8년 정도가 지났다. 2021년 6월 공식 회원 수는 26만여 명이고 회원 수는 계속 증가하고 있는데, 연도별 추세는 아래에 정리되어 있다.

[그림 6-8]에서 알 수 있는 바와 같이 신규 가입 회원 수는 2016년도부터 빠른 속도로 증가하고 있다. 2016년도부터 블랙야크가 '클린마운틴 365' 활동을 공식적으로 시작했는데, 회원들이 이에 호응하고 있음을 보여준다. 회원들이 우리나라 자연환경을 보호한다는 자부심을 느끼면서 지인들에게 함께 도전하자고 제안한 결과다.

지금까지 가입한 회원들의 성별 비율은 남자가 57%이고 여성은 43%인데, 여성들도 등산에 높은 관심을 보이고 있다. 그리고 지역별 가입자

[그림 6-8] **회원현황**

연도	가입자 수
2012	2,895
2013	6,941
2014	6,872
2015	10,510
2016	11,739
2017	25,057
2018	30,603
2019	40,835
2020	79,351
2021(6월까지)	46,688
총 계	261,491

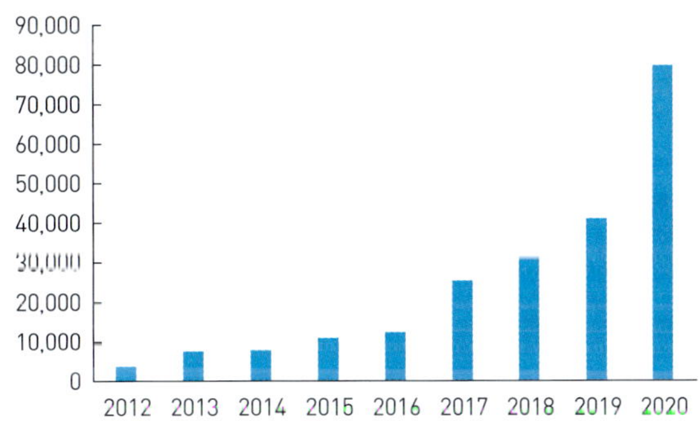

출처: 블랙야크

[표 6-1] 연도별 신규가입자의 연령대 비율(%)

연도	29세이하	30~39	40~49	50~59	60세 이상
2012	3	12	21	36	28
2013	2	11	24	38	25
2014	3	18	28	32	19
2015	7	20	27	30	16
2016	3	12	21	45	19
2017	3	17	23	41	16
2018	5	19	24	37	15
2019	8	26	25	29	12
2020	18	38	22	17	5

출처: 블랙야크

수도 전국에 걸쳐 고루 분포하고 있다. BAC 커뮤니티가 앱 기반의 소셜 플랫폼이기 때문에 지역적 한계를 극복하고 있는 것이다.

회원가입자의 연령대별 비율에서는 매우 고무적인 현상이 확인된다. 초기 커뮤니티 가입자들은 대체로 50세 이상이었다. 은퇴자들이 여가생활로 등산을 선호해 왔기 때문이다. 그러나 최근 들어 신규가입자 중 29세 이하, 30~39세의 비율이 증가하고 있다. 커뮤니티가 지향하는 도전의 가치와 친환경 가치가 젊은 세대에 의해 공감되는 것이다. 환경에 관한 관심이 높아지고 앞서 언급한 MZ세대의 특징으로 볼 때 회원 수는 앞으로도 계속 증가할 것으로 그리고 젊은 세대의 가입률이 높아질 것으로 기대된다. 연령대별 가입 비율은 [표 6-1]에 정리되어 있다.

인증실적: '클린마운틴 365' 활동을 통한 쓰레기 수거실적은 정확하게 파악되지 못하지만 회원들의 인증실적을 보면 어느 정도 추산이 가능하다.

'클린마운틴 365' 활동이 공식적으로 시작되면서 참여하는 회원들의

[그림 6-9] 클린마운틴 365 인증 수

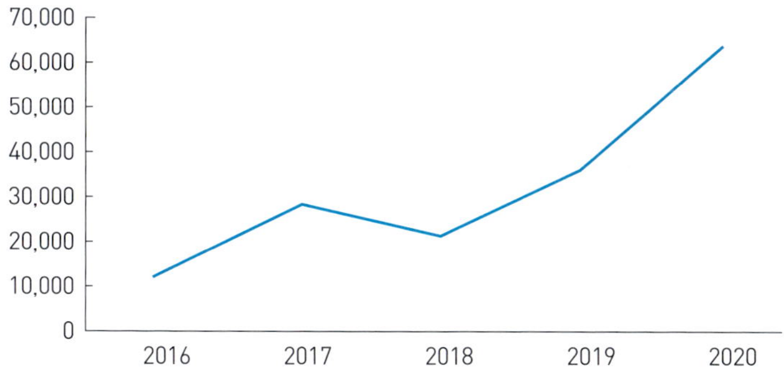

출처: 블랙야크

인증이 기록되고 있는데, 연도별 인증 숫자는 위 그림에 요약되어 있다. 인증을 시작한 2017년의 인증 수는 12,574건이었고 2017년 27,579건, 2018년 20,221건, 2019년 36,484건, 2020년 36,484건으로 빠른 속도로 증가하고 있다. 작년 코로나19의 영향을 감안하면 2020년의 인증건수는 놀라운 수준이다. 회원들이 쓰레기를 수거하면서 환경을 지킨다는 자부심을 느끼고 있다는 증거이기도 하다.

미래 전망: 지금까지의 회원 증가 추세를 보면 앞으로도 BAC의 신규가입자는 계속 늘어갈 것으로 예측된다. 특히 3~4년 전부터 증가율이 계속 높아지고 있고 올해 6월까지의 신규 가입자 수를 바탕으로 보면, 2021년도의 신규가입자수는 10만 명에 이를 것으로 예측된다. 그리고 인증실적은 무서운 속도로 증가하고 있다. 도전 클럽들의 경쟁심도 작용하고 있는 것으로 보인다. 신규가입자 수와 회원들의 인증실적이 빠른 속도로 증가하고 있기 때문에 BAC 회원들의 쓰레기 수거량은 그야말로 기하급수적으로 늘어가게 될 것으로 예측된다. 앞으로 BAC 회원들은 전국적으

로 명산과 명섬을 탐험하면서 우리나라의 자연환경을 보호하는 중추적인 역할을 하게 될 것이다.

| 제 4 절 |

우리나라 자연환경 보호를 위한 블랙야크의 새로운 도전

블랙야크의 BAC는 새로운 브랜드 커뮤니티 모형을 보여주고 있다. 회원들은 자신들의 관심사와 취미를 공유하면서 우리나라 자연환경을 지킨다는 자부심을 함께 누리고 있다. 이 커뮤니티 활동은 친환경 의식이 높아지는 시대정신과 잘 어울린다. 블랙야크는 BAK 회원의 친환경활동을 전국적으로 체계화하고 있다. 전국의 지역별로 탐험 팀이 쓰레기를 수거한 성과를 측정하고 어느 정도 성과를 낸 팀들에게 명예 등산가라는 인증서를 발급하는 방안이다. 이 인증서는 회원들의 자긍심을 느끼게 해 줄 것이다. 그리고 전국적으로 조직화된 팀들이 더 좋은 성과를 내기 위한 콘테스트도 구상하고 있다. BAC 회원들의 친환경활동이 더욱 활성화될 것으로 기대된다.

블랙야크는 '인간과 자연과의 공존'이라는 기업사명을 구현하기 위해 새로운 모델도 개발하고 있다. 블랙야크는 국내의 소비자들과 함께 국내에서 배출된 플라스틱 쓰레기를 적절히 처리해 플라스틱으로 인한 재앙을 예방하는 캠페인('PLUSTIC 패션' 캠페인)을 시작했다. 우리나라는 일인당 플라스틱 소비량에서 세계 3위국이고 플라스틱 포장재 생산량에서 세계

2위국이다. 즉, 우리나라는 플라스틱을 가장 많이 제조하고 소비하는 국가인 것이다. 배출된 플라스틱은 매립, 소각, 재활용이라는 세 가지 방식으로 처리되는데, 국내의 경우 매립과 소각이 높은 비율을 차지하고 있고 이러한 방식은 국내 자연환경에 부정적인 영향을 미치게 된다. 우리나라의 경우 배출된 플라스틱이 재활용되는 비율도 선진 국가에 비해 현저히 낮은 수준이다. 이러한 문제점을 직시한 강태선 회장은 국내에서 배출된 플라스틱(특히 투명한 페트병)을 의류 패션으로 재활용하기 위해 전방위적인 협력 플랫폼(환경부, 지자체, 수거업체, 재활용업체)을 구축하고 배출에서 수거 및 재활용 단계를 연결하고 있다. 'PLUSTIC은 Plus와 플라스틱(Plastic)'을 합친 합성어로 플라스틱을 배출된 플라스틱을 패션 제품에 재활용해 지구에 플러스가 된다.'는 의미를 담고 있다. 블랙야크는 국내 최초로 국내에서 배출된 페트병을 재활용한 제품에 부여한 브랜드의 상징 마크도 개발했다.

출처: 블랙야크

앞서 설명한 바 있는 BAK 회원들은 산, 들, 바다에 버려진 쓰레기를 수거하는 활동을 하고 있다. 반면 'PLUSTIC 패션' 프로젝트는 국내에서 배출된 플라스틱을 재활용해 패션의류를 생산하면서 플라스틱으로 인한 환경훼손을 예방하고 있다. 따라서 회사의 재활용 패션의류 생산 자체가 환경을 보호하는 것이 된다. 국내에서 배출된 플라스틱이 재활용되기 때문이다. 따라서 환경보호의 범위가 버려진 쓰레기 수거에서 국내에서 배출되는 플라스틱의 재활용으로 확대된 것이다.

이 두 가지 활동에서 눈여겨볼 점이 있는데, 환경보호 활동의 주역이 회사가 아니라는 것이다. 산과 바다에 버려진 쓰레기를 수거하는 주역은

BAC 회원들이고, 플라스틱 재활용의 주역은 소비자들이다. 마케팅 분야를 개척한 코틀러라는 학자(2010)는 미래의 마케팅 개념으로 기업과 소비자의 공동창조(co-creation)를 제안한 바 있는데, 블랙야크가 커뮤니티 활동과 범국민운동을 통해 이를 구현하고 있다. 이른바 BAC 회원들이 주도하는 지속가능한 등산문화가 그리고 소비자가 주도하는 ESG 모델이라는 새로운 영역이 개척되고 있는 것이다.

소비자들은 우리나라 자연환경의 주인이다. 훼손된 자연환경으로부터 오는 피해는 소비자, 기업 등 모든 구성원들이 감당해야 한다. 기업도 자발적으로 친환경활동을 해야 하지만, 소비자도 주위에 있는 자연환경을 즐기기 위해 함께 참여하고 기업 활동의 감독자 역할을 해야 한다. 마지막으로 저자는 소비자가 친환경활동을 주도하여 미래 세대에게 바람직한 자연환경을 물려주는 지속가능한 소비를 구현해 줄 것을 제안한다.

참고문헌

성영신, 임성호. (2002). 브랜드 커뮤니티 활동, 왜 하는가? 광고학연구. 13(5), 159-175.

유창조 (2007), “월드컵 축구경기에서 표출되는 팬의 소비가치에 대한 비교연구: 국가별 팬 집단의 소비행태 및 소비문화의 비교, ” 마케팅연구, 22(4), 115-140.

유창조, 김미나 (2007), “경험적 가치기반의 매장에 관한 Ethnography: 홍대 앞 프리마켓(Free Market)을 중심으로, ” 유통연구, 12 (3), 1-21.

유창조, 정혜은 (2004), “브랜드 커뮤니티 형성과정에 따른 커뮤니티의 특징, 구성원의 행태와 참여경험 및 관계의 질에 대한 분석, ” 마케팅연구, 19 (3), 47-80.

유창조, 백지은(2006), “미술관 체험에 관한 ethnography: 참여적 소비를 중심으로, ” 2006년도 마케팅학회 춘계학술대회 발표논문집, 2006년 3월 4일.

이경렬, 최일도. (2007). 온라인 커뮤니티의 브랜드 자산 형성 과정에 대한 연구 : 이용동기와 몰입과 브랜드 자산의 구조적 관계를 중심으로. 광고학연구. 18(5), 23-38.

조희정, 류석진, 전시홍, 이현. (2015). 온라인 커뮤니티 이용 목적 유형에 따른 이용 행태 연구. 경희대학교 인류사회재건연구원. 30(1), 167-199.

최지원, 김현철, 한상필 (2011). 소비자 주도형 온라인 브랜드 커뮤니티의 자발적 생성에 미치는 요인에 대한 탐색적 연구. 한국심리학회지: 소비자·광고, 12(1), 27-54.

황장선, 도선재(2011), “ 사용자간 상호작용성(User-to-user Interactivity)의 측정을 위한 척도개발과 검증: 온라인 브랜드 커뮤니티를 대상으로, ” 광고학연구, 22(4), 203 230.

Caru, Antonella and Benard Cova (2007), *Consuming Experience*, Routledge Inc.

Jenkins, Henry (2006). *Convergence Culture: Where Old and New Media Collide*, New York, University Press.

Lancaster, Kurt (1997), “When Spectators Became Performers: Contemporary Performance-Entertainment Meet the Needs of an Unsettled Audience, *Journal of Popular Culture*, 30, 75-88.

Kotler, Philip, Hermanwan Kartajaya and Iwan Setawan (2010), *Marketing 3.0*, John Wiley & Sons, Inc.

McAlexander, James H., John W. Schouten, & Harold F. Koenig(2002), "Building Brand Community, " *Journal of Marketing*, 66(January), 38-54.

Muniz, Albert M. and Thomas O'Guinn, C. (2001), "Brand Community," *Journal of Consumer Research*, 27, pp. 412-432.

Pine, Joseph, and James Gilmore (1999), *The Experience Economy*, Boston: Harvard Business School Press.

Sherry, John F., Rovert V. Kazinets, and Stefania Borghini (2007), "Agents in paradise: experiential co-creation through emplacement, ritualization, and community," Chapter 2 in *Consuming Experience*, Edited by Antonella Caru and Benard Cova, 17-33.

Tuner, Victor (1969), *The Ritual Process: Structure and Anti-structure*, Aldine Publishing Company, Chicago, Illinois.

P A R T

05

지속가능한 소비와 관련한 캠페인 사례분석

Chapter
07

다양한 공중 참여에 기반한 지속가능한 소비 캠페인 해외 사례

| 제1절 |

시작하는 말

많은 기업들이 지속가능성(sustainability)을 경영의 주요 아젠다(agenda)로 삼고, 스테이크홀더(stakeholder)들과 능동적으로 커뮤니케이션하고 있다. 한 예로 의류 회사 리바이스(Levi's)의 경우 미국 면 협회(Cotton Incorporated)와 협력하여 Blue Jeans Go Green 프로그램을 통해, 친환경적 섬유로 제작한 청바지 판매는 물론, 매장 내 데님 재활용 박스를 두어 소비자들이 쉽게 재활용 운동에 동참할 수 있게 하고 있다(Where to recycle your jeans, 2019). 화장품 회사 오리진스(Origins) 또한 미국 전역에서 대대적인 화장품 포장재 재활용 캠페인을 벌였는데, 소비자들이 다 사용한 화장품 용기를 오리진스 매장에 가져오면 소비자에게 자사의 제품을 증정하고, 이를 수거해 재활용한 재료로 친환경적인 화장품 용기를 제작하여 사용하고 있다(The story of our origins, n.d.). 스타벅스(Starbucks)는 오래전부터 텀블러 사용 권장 캠페인은 물론, 커피 원산지에서부터 매장에 이르기까지 사업의 모든 단계에서 환경 발자국 줄이기를 목표로 다양한 친환경 전략을 사업 경영에 반영하고 있다(Starbucks sustainability timeline, 2020).

이와 같이 많은 기업들은 지속가능성에 대한 자사의 관심과 참여에 대해 온라인, 오프라인 채널을 통해 적극적으로 소비자들과 커뮤니케이션하고 있다. 이러한 능동적 커뮤니케이션으로 지속가능한 소비(sustainable consumption)의 개념이 점차 중요해지고 있으며, 이는 공중 참여(engagement)를 핵심으로 하고 있다. 본 장에서는 해외의 다양한 사례를 통해 지속가능한 소비 캠페인에서 다양한 공중의 참여의 방법 및 커뮤니케이션 전략을 살펴보고자 한다. 구체적으로 사례 1에서는 외부 공중인 소비자의 참여를 기반으로 하고 있는 캠페인을, 사례 2에서는 내부 공중인 직원들의 참여를 이끌어낸 캠페인을, 사례 3에서는 지속가능한 캠페인을 B2B 마케팅에 활용한 사례를 소개한다.

| 제 2 절 |

사례연구 1. 친환경 청바지 재활용 캠페인 "Blue Jeans Go Green"

미국 면 협회(Cotton Incorporated)에 따르면 매년 1,600만 톤의 직물이 폐기된다고 한다(Doing good with denim, n.d.). 2006년 미국 면 협회에 의해 시작된 친환경 청바지 캠페인 "Blue Jeans Go Green" 프로그램은 소비자들이 기부한 오래된 데님을 재활용함으로써 섬유 폐기물을 새로운 제품으로 탄생할 수 있도록 하고 있다(Denim recycling starts with cotton, n.d.). 미국 면 협회는 다양한 의류 브랜드와 파트너십을 맺고, 소비자들이 데님 재활용을 편리하게 참여할 수 있도록 하고 있다. 소비자들은 Levi's, ARIAT, Industry Standard, InJeanius, Still Here NYC 등의 의류 매장에 오래된 청바지를 가져와도 되고, Zappos for Good 이 제공하는 무료 배송 서비스를 이용하여 재활용할 데님을 집에서 매장으로 편리하게 보낼 수 있다(Cotton makes it possible, n.d.).

미국의 온라인 신발 및 의류 업체 자포스(Zappos)의 자선단체인 Zappos for Good에서는 기부(Give), 재활용(Recycle), 학생 지원(Closets for Good) 등이 세 가지 프로그램을 운영하고 있으며, 소비자들이 지역사회를 위해 의류나 신발, 어린이 용품, 중고 도서 등을 편리하게 기부할 수 있도록 배송비를 지원하고 있다. 소비자들이 원하는 비영리 조직을 선택한 후 기부할 물품을 박스에 담아 무료로 보낼 수 있도록 하여 섬유 폐기물을 줄이고, 이를 재활용하는 것이다. 중고 신발은 Native Shoes Remix Project에

[그림 7-1] **Zappos가 학교에 설치한 Closets for Good**

출처: Zappos Insights Twitter, 2017

기부되어 어린이 놀이터의 건축 자재로 쓰이는 등 리믹스 프로젝트에 활용되고, 오래된 데님의 경우 Cotton's Blue Jeans Go Green 프로그램으로 보내져 재활용된다. 이 외에도 미국의 초등학교, 중학교, 고등학교와 파트너십을 맺고 Closets for Good 프로그램을 진행해 오고 있다. 13개 학교에 의류와 신발, 학용품 등 학생들이 필요한 물품 및 식료품을 진열한 옷장(closet)을 제작하여 학생들이 학업에 열중할 수 있는 환경을 조성한다([그림 7-1]).

Blue Jeans Go Green 캠페인에서 주목할 만한 전략 중 하나는 다른 의류 브랜드 및 여러 비영리 조직 및 지역사회와 효과적인 파트너십을 맺고 캠페인을 지속해 오고 있다는 것이다. 위에서 언급한 바와 같이 미국 면 협회는 Zappos와 파트너십을 맺고 함께 지속가능한 소비를 권장해 오고 있는데, 2019년 이후 Zappos의 무료 재활용 수거를 통해 재활용된 의류 폐기물은 대략 72.5톤이며, 이는 거의 30만 제곱 피트에 달하는 단열재로 재탄생되었다고 한다. 2021년 7월 기준 Zappos for Good

[그림 7-2] 수거된 데님이 냉동식품 운송 단열재로 재활용된 예

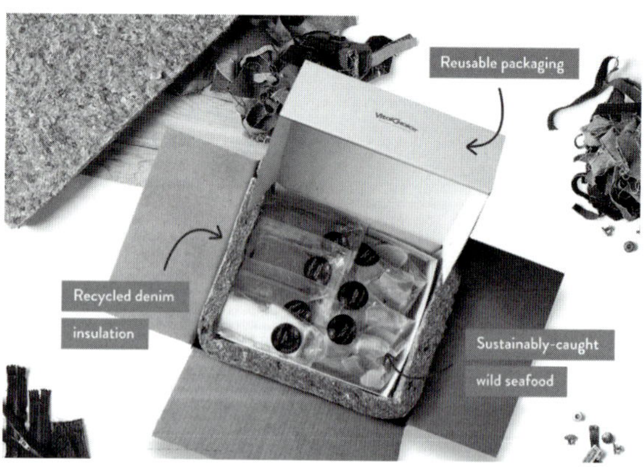

출처: https://bluejeansgogreen.org/insulation/

[그림 7-3] **수거된 데님이 건축 단열재로 재활용된 예**

출처: https://www.cottoninc.com/

웹사이트에 따르면 2021년 한해에만 벌써 42,218개의 데님이 수거되었다고 한다(Blue Jeans Go Green, n.d.). [그림 7-2]와 같이 수거된 데님은 냉동식품을 운송하는 데님 단열재로 재활용될 수도 있고, [그림 7-3]과 같이 집을 짓는 단열재로도 활용될 수 있다. 실제로 Blue Jeans Go Green 캠페인은 2006년부터 미국 전역의 해비타트(Habitat for Humanity) 지사 및 다양한 비영리 조직과 협력하여 그들의 지역사회 프로젝트를 후원하고 있다.

위에서 언급한 데님 브랜드 외에도 할리데이비슨(Harley Davidson), 갭(Gap), 아베크롬비앤피치(Abercrobmie & Fitch), 올드네이비(Old Navy) 등 여러 브랜드와 파트너십을 맺고 소비자들을 지속가능한 캠페인에 참여시켜왔다. 또한 81개의 학교들과 협력하여 총 221,418개의 재활용할 수 있는 데님을 수거했다(Cotton makes it possible, n.d.). 교사, 학생, 전문가, 자원봉사사 등 누구나 자신이 속한 학교, 직장이나 지역사회에서 데님 재활용 운동에 참여할 수 있도록 권장하고 있다. 실제로 이 캠페인에 동참한 미국 PR 학생협회(Public Relations Student Society of America)의 시라큐스 대학교 지부(Syracuse University Chapter)에서도 시라큐스대 학생들을 대상으로 캠페인을 벌여 1,000벌 이상의 데님을 수거하였고, 이는 집 두 채의 단열재로 쓰일 수 있는 양에 이른다(News Staff, 2010). 이뿐만 아니라 미국 면 협회는 교육 단체인 Young Minds Inspired와 협력하여 초등학생들이 면직물과 지속 가능성 개념에 대해 어렸을 때부터 체계적으로 배울 수 있도록 교육 커리큘럼 및 다양한 교육 자료를 제공해 오고 있다(Lesson Plans, n.d.).

Blue Jeans Go Green 캠페인은 캠페인 시작 때부터 꾸준히 소비자 참여 이벤트를 온라인과 오프라인으로 진행해 오고 있다. 2013년에는 15명의 유명 인사들이 자신의 사인이 남겨진 청바지를 온라인 경매에 기부하는 행사를 기획하였고, 미국의 재활용의 날인 11월 15일을 기념하고 소비자들의 관심과 참여를 이끌어 내기 위해 Denim Stack Challenge를 기획하였다. 소비자들은 자신이 소유한 데님을 쌓아 사진을 찍고 소셜미디어에서 공유하는 이벤트에 참여하였다. 또한 미국의 가수들의 콘서트장에서 이벤트를 기획하여 캠페인 인지도를 높이고, 브랜드 홍보대사를 통해 소비자들이 본 캠페인의 중요성을 이해할 수 있도록 하였다. 이 결과 Blue Jeans Go Green 캠페인은 여러 미디어의 조명을 받았다. 워싱턴포스트(The Washington Post), 뉴욕타임즈(The New York Times), 뉴욕포스트(New York Post), 리더스 다이제스트(Reader's Digest), 보그(Vogue), 마리끌레르(Marie Claire) 등 주요 신문 및 잡지에서 본 캠페인이 언급되었다(Doing good with denim, n.d.).

| 제 3 절 |

사례연구 2. Barcadi Limited - Good Spirited: Building a Sustainable Future

바카디 리미티드(Bacardi Limited)는 1862년 쿠바에서 설립된 주류 제조 회사로, 현재 본사는 버뮤다(Bermuda) 해밀턴(Hamilton)에 있으며, 7대에 거쳐 가족 경영 체제로 운영되고 있다(Bacardilimited.com, n.d.). 2019년 Forbes에서 발표한 가장 평판이 좋은 회사(The World's Most Reputable Companies) 87위에 오른 바카디는 2020년 전 세계 2위의 럼(rum) 판매율을 보이고 있으며, 200여 개 이상의 브랜드를 보유하고 있다(Conway, 2021; Merz, 2019). 본 섹션에서는 2016년 미국PR협회(Public Relations Society of America, PRSA)에서 매년 선정하는 올해의 우수 PR 프로그램상인 Award of Excellence를 수상한 바카디의 지속 가능한 소비 캠페인의 기획 배경 및 실행 과정을 소개한다(Bacardi Limited, 2016). 본 내용은 PRSA에서 제공하는 케이스 스터디 요약문에서 발췌한 내용을 토대로 구성되었다.

바카디는 글로벌 기후 변화와 물 부족 문제가 기업에 영향을 미칠 수 있는 두 가지 주요 과제로 판단하고, 가치 사슬 전반에 걸쳐 기업이 환경에 미치는 영향을 최소화할 책임이 있음을 인식했다. 바카디는 이미 기업의 책임(Corporate Responsibility) 보고서에서도 물 사용량 감소, 이산화탄소 배출 감소 등 기업의 지속가능 노력에 대해 언급해 왔지만, 이를 좀 더 효과적으로 커뮤니케이션할 필요가 있다고 판단했다. 따라서 창립 152주년이 되던 2014년 "굿 스피릿티드: 지속가능한 미래 건설(Good Spirited: Building a Sustainable Future)" 캠페인을 론칭하였다. 바카디는 이 캠페인에 직원, 무역 파트너, 소비자들을 참여시킴으로써 바카디가 세계적 수준의 제품을 만들기 위해 원료(sourcing), 포장(packaging), 운영(operations)의 세 영역에서 어떻게 환경에 미치는 영향력을 줄이기 위해 노력해 왔는지를 알리고자 하였다.

본 캠페인을 기획하기에 앞서 2012년 초 바카디는 직원, 공급업체, 규제 기관, 바카디의 고객, 미디어, 비정부 기구, 판매업체, 기타 중요한 이해관계자 등 41명을 대상으로 한 인터뷰를 진행하였다. 인터뷰 결과, 바카디는 기존에 기업이 해 오던 책임 경영에 대해 좀 더 효과적으로 커뮤니케이션할 필요가 있음을 알게 되었다. 또한 환경 영향, 지속가능성 농업 및 소싱, 책임 있는 공급망, 지속 가능한 포장, 지역사회 기여 등 기업의 비즈니스에 영향을 미칠 수 있는 중요한 이슈의 대부분이 지속가능성과 관련이 있음이 드러났다. 이와 더불어 직원들은 지속가능성 프로그램을 지원하고자 하는 열망은 있으나 이를 효율적으로 수행하기 위한 구체적인 방향이나 자산이 부족하다고 응답한 것으로 나타났다.

이러한 연구 결과를 바탕으로 바카디는 2017년까지 ① 지속가능하고 인증 받은 원료로부터 기반한 사탕수수(sugarcane) 제품의 40% 사용, ② 물 사용량을 55%까지 절감, ③ 온실가스(greenhouse gas) 배출의 50% 감소, ④ 포장(packaging) 무게 10% 감소와 같이 구체적이고 측정 가능한 목표를 설정한다. 미화 50만 달러(한화로 대략 5억 7천여만원)에 해당하는 예산을 들여 바카디의 장기적인 지속가능성에 대한 관심과 참여를 알리기 위한 캠페인을 기획한다. 우선 창의적인 스토리텔링을 통해 바카디의 지속가능한 운영 및 비즈니스 과정을 시각화하고자 하였고, 직원들 중 열정적인 브랜드 홍보대사를 구성하여 기업의 지속가능한 사업에 대해 직원들을 교육시키는 것을 목표로 하였다. 바카디의 75개의 지사들을 포함하여 직원

[그림 7-4] Good Spirited Award 트로피

출처: 바카디 기업 책임 보고서 2020

으로 구성된 캠페인 대변인을 캠페인에 적극적으로 참여시켰다.

구체적인 프로그램을 살펴보면, 우선 "Good Spirited"라는 디지털 채널이자 글로벌 인트라넷을 구성하여 브랜드와 관련된 각종 콘텐츠를 10개 언어로 제공하였다. 또한 직원들이 환경에 미치는 영향에 대해 배울 수 있도록 온실 가스 배출 및 물 사용량, 에너지 절약 등을 계산할 수 있는 온라인 계산기를 제공하였다. 현장 관리자와 포장 개발자 등 80명 이상의 직원들이 이야기하는 바카디의 지속가능성에 대해 콘텐츠화하였다. 또한 2015년 4월 22일 지구의 날(Earth Day)을 기념하여 지속가능한 변화를 이끈 직원들에게 "Good Spirited"상을 수여하였고, 재활용된 참나무로 제작된 트로피를 제공하였다([그림 7-4]). 바카디의 제품이 판매되는 160개의 시장에 12개의 언어로 영상 보도 자료를 매달 2회 제공하여 미디어 노출을 시도했다.

캠페인이 2014년 론칭된 이후, 바카디는 2015년에 이미 1천만 달러의 에너지와 제품 포장에 있어 200만 달러를 절감하였으며, 46.5%의 물 효

율성이 증가되어 2백만 달러를 절감했다고 밝혔다. 또한 2015년에 발간한 기업의 책임 보고서에 따르면 이산화탄소 배출이 32.3% 감소하였다. 바카디는 이러한 지속가능 캠페인을 오늘날까지도 지속해오고 있으며, 환경에 영향을 최소화하기 위해 노력해 오고 있다. 또한 OHSAS(Occupational Health & Safety Advisory Services) 및 모든 제조 시설에 있어 품질, 환경, 건강 및 안전에 대한 표준화 기구인 ISO(International Organization for Standardization)로부터 인증을 획득하였다.

이 외에도 캠페인 기간 동안 Good Spirited 인트라넷에 올라온 콘텐츠는 36,000개의 views를 얻는 등 놀랄 만한 커뮤니케이션 성과도 이룰 수 있었다. 외부 커뮤니케이션 타깃으로 한 주요 미디어의 82.7%의 언론 보도와 79%의 소셜미디어의 도달률을 달성하였고, 언론보도의 100%가 긍정적인 논조를 보였다. 특히 언론보도의 90%는 바카디가 주류 산업에서 지속가능한 기준을 제시한다는 핵심 메시지를 포함하였고, 50%는 직원들의 인터뷰 내용을 포함하였다. 또한 미국의 산림 보존을 위한 비영리 단체인 American Forests와의 파트너십을 통해 미국 전역의 6개 주에서 50,000그루의 나무 심기 캠페인을 통해 매출 증대도 이루었다. 바카디는 아이다호(Idaho) 주에서 11%, 오레곤(Oregon) 주에서 7%의 판매율 증가를 이루었다.

바카디의 지속 가능 캠페인에서 주목할 만한 점은 직원들을 적극적으로 캠페인에 참여(engage)시켰다는 것이다. 바카디에 따르면 기업 책임의 달(Corporate Responsibility Month) 동안에 바카디의 직원들이 플로리다의 공원 청소, 독일의 박쥐 서식지 복원, 태국의 인공 해양 암초, 러시아의 전자 제품 재활용, 오스트리아에서 늑대 보호소 설립, 필리핀 소외계층을 위한 친환경 태양광 전구 조립 등을 포함한 140여 개의 지속 가능 활동에 참여한 시간은 1,800시간이라고 한다. 이 외에도 전 세계의 바카디 직원들은 그린 챔피온(Green Champion) 프로그램에 참여하였는데, 각자의 근무 환경에서 지속 가능한 활동 아이디어를 제안하고, 직접 아이디어를 실행하여 기업의 지속 가능성 운동에 참여해 오고 있다. 한 예로 바카디 럼이 생산되는 푸에토리코(Puerto Rico) 제조 시설에서는 낡아 폐기된 배럴을 재활용하는 방법을 제안했고, 스코틀랜드(Scotland)에서도 참나무 배럴을 활용해 열쇠고리를 제작하는 등 다양한 방식으로 기업의 지속가능성 활동에 참여하고 있다.

직원들은 기업의 내부 공중이자 소비자들의 경험에 직접적, 간접적으로 영향을 미칠 수 있는 중요한 이해관계자(stakeholder)이다. 직원들은 기업의 비공식적 홍보대사(ambassador)로서 소비자들에게 브랜드를 전달하는 역할을 할 수 있으며, 점차 브랜드의 가치를 함께 만들어가는 코크리에이터(co-creator)로서의 역할이 강조되고 있다(Smith et al., 2021). 바카디는 지속가능한 캠페인 초창기부터 직원들의 적극적인 참여를 권장하였고, 2020년 직원들을 대상으로 진행한 설문 조사 결과 직원의 91%가 이 기업에서 일하는 것을 자랑스럽게 여긴다고 응답하였고, 87%는 다른 사람에게 바카디를 좋은 직장으로 추천할 것이라고 응답하였다. 바카디는 전 세계의 직원들이 살고 일하는 각자의 지역 사회에서 이웃들과의 관계를 맺고 긍정적으로 기여할 수 있도록 적극적으로 권장하고 있다.

| 제 4 절 |

사례연구 3. Helping Designers See the Forests Behind the Wood

다음은 B2B(Business to Business) 마케팅과 관련하여 지속가능한 소비를 이슈로 "Helping Designers See the Forests Behind the Wood" 캠페인을 기획한 윌슨아트(Wilsonart)의 사례로, 이 캠페인은 미국PR협회(Public Relations Society of America, PRSA)에서 매년 선정하는 올해의 우수 PR 프로그램상인 Silver Anvil Award를 수상했다(Wilsonart with Padilla, 2018). 본 내용은 PRSA에서 제공하는 케이스 스터디 요약문에서 발췌한 내용을 토대로 구성되었다.

건축가들과 인테리어 디자이너들은 주거시설과 상업시설에 아름다움과 따듯한 느낌을 주는 목재를 많이 사용해 왔다. 그러나 이러한 목재 수요 증가로 인하여 나무는 멸종 위기에 처하거나 위협을 받고 있다(Wilsonart with Padilla, 2018). 2017년 SMS Research에서 미국의 건축과들과 인테리어 디자이너들을 대상으로 실시한 설문조사에 따르면, 응답자의 99%가 멸종 위기에 처해 있는 목재에 대해 정확히 알지 못했다. 또한 응답자의 42%는 산림을 보호하는 방법에 대해 잘 모르고 있었으며, 40%는 비록 멸종 위기에 처해 있는 목재라도 만약 고객이 원한다면 사용할 것이라고 응답했다. 끝으로 응답자의 24%만이 책임 있는 방식으로 벌목된 목재(responsibly harvested wood)를 사용할 것을 법적 책임으로 규정하는 미국 레이시법(Lacey Act)에 대해 알고 있었다.

이러한 연구 결과에 기반하여 라미네이트 선두 제조업체인 윌슨아트(Wilsonart)는 많은 건축가들과 인테리어 디자이너들이 이러한 목재 수요 증가로 인한 산림의 위험에 대해 충분히 인지하지 못하고 있다는 사실에 조점을 맞추고 이러한 인식을 개선할 캠페인을 기획하였다. 윌슨아트는 건축과들과 인테리어 디자이너들을 타깃으로, 2017년 10월 18일 윌슨아트의 교육의 날(Wilsonart's National Day of Learning)을 설정하여 500명의 건축가들과 인테리어 디자이너들이 멸종 위기에 처해 있는 나무 종들에 대해 배우고, 이러한 목재를 대체할 수 있는 지속가능한 건축 자재의 옵션들에 대해 안내 받을 수 있는 행사를 기획한다. 또한 대대저인 언론보도를 통해 8,000천만 명의 건축가들과 인테리어 디자이너들을 도달하는 것을 목표로 하였다. 윌슨아트는 타깃 공중들의 관심을 끌기 위해 미국의 유명한 디자이너이자 재료 전문가인 Grace Jeffers를 강연자로 캠페인에 참여시켰고, WebEx와 Facebook Live를 통해 이 강연을 실시간 생중계하였다.

630명 이상의 건축가들과 인테리어 디자이너들이 본 행사에 참여하였고, 2,500명이 녹화된 강연을 들었다. 윌슨아트가 타깃으로 한 11개 이상의 언론 매체들이 본 행사를 다루었고, 이를 통해 8,200만 명의 타깃 공중에게 도달할 수 있었다. 본 캠페인으로 인하여 웹사이트 트래픽은 56% 향상되었고, 이벤트 후 실시된 설문조사에서 응답자의 36%가 윌슨아트 판매직원으로부터 목재를 대체할 수 있는 건축 및 인테리어 자재에 대한 컨설팅을 받고 싶다고 답변했다.

이 사례는 소비자들의 지속가능한 소비 의사결정 과정에 영향을 미칠 수 있는 건축가와 인테리어 디자이너들을 타깃으로 한 캠페인으로 지속가능한 소비와 비즈니스를 효율적으로 연계할 수 있는 방법을 보여준 사례라고 할 수 있다. 윌슨아트는 자신들의 고압 라미네이트(High Pressure

Laminate)가 30%의 재활용된 자재로 제작되었으며, 혁신적이며 친환경적인 건축 및 인테리어 자재임을 커뮤니케이션하고 있다. 또한 미국의 SCS Global Services로부터 재활용 원료 인증인 SCS Recycled Content 인증을 획득하였다(Wilsonart.com, n.d.). 지속가능한 소비 캠페인을 통해 환경문제의 중요성을 알림과 동시에 기업의 비즈니스 수익에 기여하는 캠페인이라고 볼 수 있다. 또한 명확하고 측정 가능한 캠페인 목표를 설정하였고, 건축가와 디자이너들이 많이 보는 매체를 적극적으로 활용하였으며, 기업이 설정한 캠페인 목표에 적합한 측정도구를 사용하여 결과를 평가하여 우수한 캠페인 사례로 선정되었다.

윌슨아트는 National Day of Learning 캠페인을 일회적인 이벤트가 아닌 기업의 지속가능성에 대한 헌신을 나타내는 지속적인 활동으로 실시해 오고 있다. 2018년에는 두 번째 National Day of Learning 이벤트를 진행했고, 이와 더불어 미국 전역에 거친 교육 투어를 시작하였다. 미국의 건축회사와 대학을 방문하여 멸종위기에 처한 목재에 대해 알리고, 이를 대체할 수 있는 지속가능한 소재에 대해 적극적으로 홍보했다. 또한 미시간(Michigan)주 트래버스 시티(Traverse City)에 위치한 명문 예술 학교인 인터로켄 아트 아카데미(Interlochen Arts Academy)와 파트너십을 맺고, 고등학생들이 생물 다양성과 건강한 생태계 이슈를 다루는 비디오, 사진과 같은 콘텐츠를 제작할 수 있도록 후원하고 있다([그림 7-5]). 학생들이 제작한 콘텐츠를 미국의 다른 고등학교 및 교육자들과 공유함으로써 학생들이 예술을 통해 사람들에게 건강한 숲을 유지하는 것의 중요성을 알릴 수 있도록 돕고 있다(Wilsonart, 2018). 또한 2019년에도 이러한 행사를 지속함으로써 해당 이슈에 대한 기업의 장기적인 관심과 노력을 보여주고 있다(Wilsonart, 2019).

이처럼 지속가능한 소비 캠페인을 기획 및 실행할 때에는 비즈니스와

[그림 7-5] 윌슨아트와 인터로켄의 The Art of Ecology 프로젝트

출처: https://www.wilsonart.com/understanding-wood.html#interlochen

관련성이 높으며, 지속할 수 있는 이슈를 중심으로 하는 것이 좋다. 우리나라의 대표적인 예로 유한킴벌리의 '우리강산 푸르게 푸르게' 캠페인을 들 수 있다. 1984년에 시작하여 37년간 지속되어 온 유한킴벌리의 환경 캠페인은 브랜드의 핵심 가치로 자리잡으며, 소비자들로 하여금 기업에 대한 긍정적인 이미지는 물론 환경 보호의 중요성을 인식하는데 크게 기여해 왔다. 실제로 한 연구에 따르면 기업의 단기적인 사회공헌활동(Corporate Social Responsibility, CSR)은 소비자들로 하여금 기업의 진정성에 대해 회의론(skepticism)을 갖게 하는 반면, 장기적인 사회공헌활동은 기업의 위기 발생 시, 기업이 CSR을 자신의 평판을 방어하는 도구로 사용할 수 있음을 보여준다(Vanhamme & Grobben, 2009). 따라서 기업은 단기적인 사회공헌 활동보다는 지속가능한 캠페인을 진행하는 것이 공중과의 호의적인 관계 유지는 물론 위기관리 상황에서도 효과적이라는 점을 인지하고, 체계적이고 지속적으로 커뮤니케이션해야 할 것이다.

| 제 5 절 |

끝맺는 말

앞에서 살펴본 세 개의 사례에서 볼 수 있듯이 지속가능한 소비 캠페인을 효과적으로 진행하기 위해서는 다양한 조직들과 파트너십을 맺고 함께 협력해야 하고, 핵심 공중을 적극적으로 참여시켜야 하며, 일회적인 이벤트보다는 지속적으로 프로그램을 운영해야 한다. 또한 캠페인의 4단계인 조사(research), 계획(planning), 실행(execution), 평가(evaluation) 단계에 따라 프로그램을 체계적으로 운영해야 한다. 양적(qualitative), 질적(qualitative) 데이터를 통해 상황 및 핵심 문제에 대해 정확히 이해해야 하고, 타깃 공중에 대한 철저한 분석이 이루어져야 한다. 조사를 완료한 후에는 명확하고 측정 가능한(measurable) 캠페인 목표가 설정되어야 하며, 이 캠페인 목표는 조직의 미션과 일치되어야 한다. 타깃 공중의 적극적인 참여를 기반으로 한 전략과 전술을 사용해야 하며, 다양한 미디어를 활용해 커뮤니케이션하는 것이 중요하다. 웹사이트나 기업 블로그와 같이 기업이 소유한 온드(owned)미디어, 광고와 같이 매체비를 지불하고 사용하는 페이드(paid)미디어, 언론보도와 같은 언드(earned)미디어, 그리고 일반적으로 소셜미디어를 일컫는 쉐어드(shared)미디어 등 다양한 매체를 활용하여 효과적으로 메시지를 전달할 수 있다. 끝으로 각각의 프로그램의 효과성을 측정하고, 초기에 설정한 프로그램 목표가 달성되었는지를 평가해야 하며, 이러한 측정 및 평가 과정을 통해 반드시 프로그램을 수정, 보완해 나가야 한다. 지속가능한 소비 캠페인은 일회적인 그린 마케팅 커뮤니케이션 이벤트가 아닌 기업과 이 사회의 지속가능한 발전을 위해 반드시 지속되어야 하는 활동이기 때문이다.

참고문헌

Bacardi Limited (2016). Good Spirited: Builiding a Sustainable Future. PRSA Silver Anvil Awards. Retrieved from https://apps.prsa.org/SearchResults/Download/6BE-1608B13544/0/Good_Spirited_Building_a_Sustainable_Future

Bacardi Limited (2020). Bacardi Limited Corporate Responsibility Report 2020. Retrieved from https://d3bbd6es2y3ctk.cloudfront.net/wp-content/uploads/2021/03/30142537/Bacardi_Good_Spirited_CR_Report_-FY20.pdf

Bacardilimited.com (n.d.). About us. Retrieved from https://www.bacardilimited.com/our-company/about-us/

Blue Jeans Go Green (n.d.). Zappos.com. Retrieved from https://www.zappos.com/about/zappos-for-good/cottons-blue jeans go green

Conway, J. (2021). Global rum market: Leading brands based on sales volume 2020. Statista. Retrieved from https://www.statista.com/statistics/259739/leading-rum-brands-worldwide-based-on-sales-volume/

Cotton makes it possible (n.d.). Blue Jeans Go Green. Retrieved from https://bluejeansgogreen.org/recycle-denim/

Doing good with denim (n.d.). Blue Jeans Go Green. Retrieved from https://bluejeansgogreen.org/spotlight/

Lesson Plans (n.d.). Ymiclassroom.com. Retrieved from https://ymiclassroom.com/lesson-plans/cotton/

Merz, J. (2019). Raise your glass: Bacardi climbs list of World's Most Reputable Companies in 2019. Bacardilimited.com. Retrieved from https://www.bacardilimited.com/media/news-archive/raise-your-glass-bacardi-climbs-list-of-worlds-most reputable companies-in-2019/

News Staff (2010). SU Denim Drive doubles goal of collecting 500 jeans. Retrieved from https://sustainability.syr.edu/wp-content/uploads/2017/06/SU-Denim-Drive-doubles-goal-of-collecting-500 jeans.pdf

Smith, D., Jacobson, J., & Rudkowski, J. L. (2021). Employees as influencers:

Measuring employee brand equity in a social media age. Journal of Product & Brand Management. Retrieved from https://www.emerald.com/insight/content/doi/10.1108/JPBM-03-2020-2821/full/html

The story of our origins (n.d.). *Origins.com*. Retrieved from https://www.origins.com/origins-mission

Vanhamme, J., & Grobben, B. (2009). "Too good to be true!" The effectiveness of CSR history in countering negative publicity. *Journal of Business Ethics*, 85(2), 273-283.

Where to recycle your jeans (2019). Levi's. Retrieved from https://www.levi.com/US/en_US/blog/article/where-to-recycle-your-clothes/

Wilsonart.com (n.d.). Compliance and Certifications. Retrieved from https://www.wilsonart.com/sustainability/compliance-certifications

Wilsonart (2018). Wilsonart escalates commitment to educate architects and designers about endangered woods and protected forests. 3BL CSRwire. Retrieved from https://www.csrwire.com/press_releases/41314-wilsonart-escalates-commitment-to-educate-architects-and-designers-about-endangered-woods-and-protected-forests

Wilsonart (2019). Wilsonart escalates commitment to educate architects and designers on material use. 3BL CSRwire. Retrieved from

https://www.csrwire.com/press_releases/42401-wilsonart-escalates-commitment-to-educate-architects-and-designers-on-material-use

Wilsonart with Padilla (2018). Helping Designers See the Forests Behind the Wood. PRSA Silver Anvil Awards. Retrieved from https://apps.prsa.org/SearchResults/Download/6BW-1804BA21081/0/Helping_Designers_See_the_Forests_Behind_the_Wood

Chapter

08

지속가능한 소비와 광고 캠페인 사례분석

| 제1절 |

서 론

1972년 로마클럽이 발간한 보고서에서 처음 등장한 "지속가능한 발전(sustainable development)"이란 개념은, 1987년 세계환경개발위원회로 이어지면서 시대를 대표하는 핵심 단어로 등장했다. 여기서 지속가능한 발전은 경제, 환경, 공정 3개의 다리를 가진 의자로 비유된다. 경제는 이익을, 환경은 우리 삶의 터전인 지구의 보전을, 공정은 사람과 자연의 조화를 추구한다(전성오 외, 2013). 기업경영에서 CSR, CSV, ESG 차원의 사회적 책임과 가치를 강조하면서 환경과의 조화로운 지속가능한 발전을 강조하고 있다. 우리 삶의 많은 부분은 이전과 달리 공감을 넘어선 공존의 필요성이 강력히 제기된다. 자원은 유한한데 사람들의 욕망은 무한하기 때문에 다양한 문제가 생겨나고 있다. 대표적인 문제는 환경오염이다. 산업화의 결과 자원은 무분별하게 개발되고 이로 인한 환경 파괴, 기상 이변의 피해가 고스란히 인류에게 돌아오고 있다. 인간이 서시든 생태계 파괴는 경제적인 성과에도 불구하고 부의 불균형과 계층 간의 갈등을 더욱 키웠다.

최근 국제기구와 각국 정부, NGO는 새로운 정책을 만들고 지속가능한 해결방안을 제시하기 위해 노력하고 있다. 기업 차원에서도 사회적 책임을 수행하기 위해서 CSR(corporate social responsibility) 개념을 도입하고 사회로 기업의 이윤을 돌리는 사업에 관심과 노력을 기울이고 있다. CSR의 개념은 미국 경제학자 하워드 보웬(Howord Bowen)이 쓴 『경영자의 사회적 책임(*Social Responsibility of Business*, 1953)』에서 시작되었다. 다만 여기서 제시된 지속가능성은 CSR의 핵심적인 영역에 이르지는 못했다는 평가를 받는다(김홍탁 외, 2019).

광고는 미디어에 물적 토대만을 제공하는 수단이 아니라, 문화 콘텐츠로써 사회공동체에 지속적으로 영향을 미치고 있어 광고 산업을 문화 산업이라고 볼 수 있다. 광고 산업 내에 문화적 다양성이 조성될 때 변화하는 미디어 환경 속에서 광고 수용자의 권익을 효과적으로 보장할 수 있다. 광고의 창의적인 아이디어는 소비를 촉진하며 사회공동체의 변화를 이끌어 나가는 힘이다. 광고 창의성은 광고 산업의 핵심에 위치하며 창의성은 다양성을 기반으로 한다. 만일 광고 산업이 내부적 다양성을 유지하지 못한다면 광고의 질적 저하 현상은 피할 수 없다. 광고에 대한 수용자의 호응도는 낮아질 것이며 이는 다시 광고 산업의 축소를 야기함으로써 지속성장을 저해할 것이다. 광고는 그동안 미디어 재원의 기능을 일정 부분 담당해왔는데, 광고의 위기는 미디어의 위기로 이어진다. 자본주의와 시장경제의 버팀목으로써의 광고의 기능이 더욱 중요해지고 있다(김병희 외, 2021).

지속가능 발전은 현재의 기성세대뿐 아니라 미래 세대까지, 그리고 경제의 성장과 사회의 안정, 통합 및 환경의 보전까지를 포괄하는 개념이다. 광고 산업의 지속성장 역시 미래 성장을 비롯한 경제적 가치를 넘어선다. 당장의 이윤 창출과 산업 내부에만 초점을 맞춘다면 광고 산업의 지속성장은 요원하다. 광고 산업의 발전을 사회의 발전과 연결할 수 있어야, 비로소 광고 산업의 지속성장이 가능하다. 우리가 지속가능한 소비와 광고에 주목하고 관련 캠페인 분석으로 새로운 길을 모색해 보는 이유도 여기에 있다. 이 장에서는 지속가능한 소비와 광고에 대한 탐색적인 접근으로서 관련 사례를 살펴보고자 한다. 이를 위해 국내외 주요 지속가능 광고를 수집, 분석하고 유목화하여 시사점과 함의를 도출하여 지속가능한 광고를 위한 모델의 제시, 향후 실무적, 정책적, 학술적 가이드라인으로 제공해 보고자 한다.

| 제 2 절 |

코로나19와 뉴노멀 시대의 광고

2020년 초 시작된 코로나19의 확산은 4차 확산에 이르기까지 전 세계에 커다란 충격을 주었다. 백신의 보급과 치료제 개발이 늦어지면서 해를 넘긴 2021년에도 전염병의 위력은 계속되고 있다. 이에 따라 강력한 사회적 거리두기(social distancing)와 집에 머무르기(stay at home) 등의 지침이 권고되었다. 초기에서부터 오프라인에서의 활동이 제한되면서, 디지털 기술을 통해 이를 보완하는 움직임이 나타났다. 일상이 디지털로 재편되면서, 팬데믹이 종식되더라도 과거의 삶으로는 돌아갈 수 없을 것이다. 이른바 뉴노멀(New Normal)의 등장은 낯설게 느껴졌던 행동이나 기준이 새로운 일상의 표준으로 자리잡았다. 다가올 변화를 분석하고 대비하기 위한 데이터 수집은 마케팅과 커뮤니케이션을 영위하는 기업에게 매우 중요하다. 지금의 상황을 활용한 적극적인 커뮤니케이션이 필요하다. 다시 재개될 소비 시장의 보복 소비를 준비하기 위해 경쟁사들이 광고나 프로모션 등을 중단한 시점에서의 소통은 매우 전략적인 선택이 될 수 있다. 바이러스와 경제 침체에도 불구하고, 사람들은 돈을 벌고, 여가를 즐기며 일상의 소비를 즐긴다. 새로운 형태로 달라졌을 뿐 생산과 소비는 계속된다. 다양한 산업에서 변화가 이루어지고 있으며 각 기업의 고민도 커지고 있다. 불확실성이 높아지는 가운데 라이프스타일의 디지털화가 가속되었고 기업의 장기적인 전략에도 이런 변화가 반영되고 있다(DMC리포트, 2020).

자본주의와 시장경제의 버팀목으로서 광고에 대한 도전은 팬데믹의 시작 이전부터 시작되었다. 대표적인 것이 미디어의 변화다. 이런 변화 속에서 광고 산업의 성장 전략을 논하기에 전에 지속성장, 즉 지속가능한 발전이 무엇인지 되새길 필요가 있다. 모두에서 다룬 것과 같이 지속가능 발전(Sustainable Development)에 대해 세계환경개발위원회(WCED)는 1987년에 발표한 보고서 《우리 공동의 미래(Our Common Future)》에서 "미래 세대가 그들의 필요를 충족시킬 능력을 저해하지 않으면서 현재 세대의 필요를 충족시키는 발전(development that meets the needs of the present without compromising the ability of generations to meet their own needs)"이라고 정의한 바 있다.

이에 대해 우리나라의 「지속가능발전법」 제2조에서는 지속가능성을 "현재 세대의 필요를 충족시키기 위하여 미래 세대가 사용할 경제·사회·환경 등의 자원을 낭비하거나 여건을 저하시키지 않고 서로 조화와 균형을 이루는 것"(제1호)으로, 지속가능 발전을 "지속가능성에 기초하여 경제의 성장, 사회의 안정과 통합 및 환경의 보전이 균형을 이루는 발전"(제2호)이라고 정의하면서 세계환경개발위원회의 취지에 동참하고 있다.

최근에 와서 지속가능 발전은 ESG로 확대되고 있는데, ESG는 기업의 비재무적 요소인 환경(Environment)과 사회(Social), 지배구조(Governance)를 의미한다. 기업을 평가함에 있어서 자산이나 부채 등과 같은 재무적 요소 외에도 다양한 비재무적 요소들이 고려되어야 한다는 주장이 그동안 많았는데, 특히 이들 세 요인은 재무적 성과와 상관성이 큰 주요 기준으로 언급되고 있다. 기업의 비재무적 요인에 대한 관심은 "지속가능한 발전"의 형태로 1987년부터 관심을 받은 바 있다. 이는 기업의 사회적 책임(CSR, Corporate Social Responsibility)이나 공유가치창출(Creating Shared Value) 등에 대한 요구로 이어졌고, 기업들은 단순히 자선적 행위나 책임감의 차원을 넘어 기업 평판 제고와 소비자 관계 형성 등을 위한 필수 전략으로 CSR을 고려하게 되었다. 그러나 일부 기업은 진정성 없는 CSR 활동으로 부정적인 평가를 받았고, 투자자들은 이러한 기업의 사회적인 행동에 쓰인 자원이 실질적으로 기업의 이윤 창출에 어떠한 영향을 미치는지 알 수 없다며 불만을 표출했다. ESG는 이러한 한계를 극복하기 위한 기준으로 볼 수 있다. 투자자의 관심이 크고, 비교적 재무적 요소에 미치는 영향력이 큰 ESG 요소만을 선별하여 기업 평가에 적용하려는 움직임으로 이해된다(DMC리포트, 2020).

지속가능 발전은 현재 세대뿐 아니라 미래 세대까지, 그리고 경제의 성장뿐 아니라 사회의 안정과 통합 및 환경의 보전까지 포괄하는 개념이다. 광고 산업의 지속성장 역시 미래 성장을 비롯한 경제적 의의를 넘어서는 문제다. 오히려 먹거리 창출에만 골몰할 때 광고 산업의 지속성장은 요원한 과제로 남는다. 광고 산업의 발전을 사회의 발전과 연결지을 수 있어야 비로소 광고 산업의 지속성장을 풀어낼 열쇠를 찾을 수 있다.

1. 최근 디지털 마케팅 커뮤니케이션의 특징

메조미디어(2021)는 코로나 시대의 어려운 여건 속에서 창의적인 아이디어로 소비자들과 거리를 좁힌 캠페인을 소개하면서 "COVID19 이후의 마케팅 사례"에서 위기를 극복할 시사점을 살펴보았다. 디지털 경험, 비대면 사이트, 인터랙티브 마케팅, 라이브 스트리밍, 딥페이크, 데이터 드리븐, OOH, 브랜디드 콘텐츠 8가지 주제를 대표적으로 분석하였는데 기존의 디지털화 트렌드가 펜데믹을 맞아 가속화되는 경향을 볼 수 있다. 세부 내용은 다음과 같다.

1) 디지털 경험과 물리적 경험의 결합(디지털 하이브리드)

언택트 트렌드가 확산함에 따라 브랜드는 디지털에 더욱 치중하였고 소비자의 관심과 흥미를 끌어내기 위해서 새로운 인사이트를 찾아냈다. 이른바 디지털 경험으로 몰입감을 제공하고 이를 기반으로 소비자의 관심과 참여를 얻어냈다. 미국의 T모바일과 중국의 원플러스가 협력해 미국 오지의 3곳에 팝업 스토어를 설치하고 위치 찾기 게임 이벤트를 진행했다. 가상과 현실을 넘나드는 경험은 오지에서도 통화가 가능한 신제품의 성능을 성공적으로 전달하였다.

2) 브랜드 경험을 만드는 비대면 사이트

비대면 상황에서 인사이트를 찾아 캠페인을 성공적으로 만들었다. 밀러맥주의 경우 코로나19로 술집에 갈 수 없게 되자 소비자의 집을 1만 달러 상당의 개인 Bar를 만들어주었는데 10만 명 이상의 주당이 프로모션에 참여하였고 애주가의 로망을 실현하였다.

3) 가상세계에서 만나는 인터랙티브 마케팅

오프라인 활동이 힘든 팬데믹 상황에서 가상세계에서 펼쳐지는 인터랙티브 마케팅으로 감상의 경험이 브랜드에 대한 경험과 브랜드 애착으로 이어질 수 있었다. 넷플릭스는 새로운 시리즈 출시를 앞두고 이전과 다른 프로모션으로 브루클린 박물관과 협업한 가상전시회로 1950~1960년대 미국과 유럽 패션 트렌드를 선보였다. 실제 박물관에 입장하듯 화면 속에서 실재감을 주어 전시회를 실제 방문한 것과 같은 몰입감을 주었다.

4) 라이브 스트리밍을 이용한 시청자 참여 마케팅

실시간으로 상호작용할 수 있는 라이브 기술을 활용, 온라인에서 소비자 참여로 제품을 생생하게 경험할 수 있게 하였다. 미국의 OTT 서비스 HBO MAX는 새로운 스릴러 방영을 앞두고 바리스타가 라이브 스트리밍으로 커피를 소개하고 직접 맛보게 한다. 이때 갑자기 괴한이 등장해 바리스타를 납치하여 드라마 스토리에 빠져들게 하였다.

5) 유쾌한 속임수 딥페이크

딥페이크 기술을 활용하여 실제 인물과 똑같은 얼굴 표정과 목소리를 구현해 낼 수 있게 되었다. 비용과 시간의 절감과 소비자에게 새로운 경험을 제공하였다. ESPN은 전설적인 농구선수 마이클 조던과 시카고 불스를 다룬 다큐멘터리를 방영하면서 광고를 제작하게 되었는데 시간과 여건이 불가해 딥페이크를 활용, 광고를 만들었다. 단 몇 주 만에 완성된 광고는 NBA 트윗은 물론 SNS에서 엄청난 화제를 일으켰다. 다큐멘터리 스폰서십인 스테이트 팜(State Farm) 보험사는 브랜드 인지도 제고에 큰 성과를 거두었다.

6) 필수가 된 데이터 드리븐 마케팅

소비자의 관심사와 상황에 맞는 광고를 제공해 필수 정보로 받아들이게 하였다. 데이터에 기반해 타깃을 설정하고 맞춤형 소재를 노출했다. 단백질 식품 프리미어 프로틴은 프로틴 구입의 다양한 동기와 상황을 캠페인 메시지로 전달하였다. 데이터를 기반으로 광고를 제작하였고 유튜브를 이용해 광고를 제작했다. 소비자 욕구를 자극하는 트리거 동영상 광고는 200종으로 새로운 고객을 확보할 수 있었다.

7) 오감을 고려한 창의적 OOH 캠페인

지극히 평범하고 일상적인 공간에서 오디오 안내방송을 통해 신선한 경험을 제공했다. 미국 방송사 코미디 센트럴은 오디오 크리에이티브를 이용, 재미있는 OOH 캠페인을 기획했다. 퀸즈 지역 중심부를 지나는 뉴욕 지하철 7호선의 안내 방송을 송출하면서 드라마 "Awkwafina is Nora From Queens"의 주연배우 아콰피나가 퀸즈 지역 정차역의 창의적인 멘트로 드라마의 캐릭터를 적극적으로 활용하였다. 소셜미디어와 유튜브 캠페인을 함께 활용해 광고효율은 물론 프로그램 시청자 확보에 기여하였다.

8) 자발적인 광고 소비를 유도하는 브랜디드 콘텐츠

정보와 메시지를 잘 녹여낸 브랜디드 콘텐츠는 즐거움과 가치를 제공해 소비자의 자발적인 시청을 유도하였다. 땅콩버터로 채워진 초콜릿 브랜드 "Reese's"는 젊은 이미지로 M세대에 소구하고자 ASMR 콘텐츠를 활용했다. 82분의 긴 러닝타임으로 5명의 유명 ASMR 인플루언서를 섭외하여 M세대가 지지하는 세련된 대화와 잔잔한 목소리 감각적인 연출로 기존 광고와 차별화하였다.

| 제 3 절 |

지속가능 광고 캠페인 사례와 시사점

광고가 지속가능하려면 무엇을 먼저 살펴봐야 할까? 김병희 외(2021)의 연구에서는 이와 관련해 광고의 건전성을 "사운드(SOUND) 모델"로 설명하고 있다. 사운드 모델은 광고산업의 진정성(Sincerity), 책임성(Obedience), 이해력(Understanding), 공정성(Neutrality), 진실성(Direction)의 머리글자를 따서 진정성은 부당 광고, 광고 실증, 광고와 정보의 구분에, 책임성은 공익 광고, CSR, ESG에, 이해력은 선정 광고, 불편 광고, 비선호 광고, 비방 광고에, 공정성은 불공정 거래 행위, 일감 몰아주기, 광고 협찬에, 진실성은 과장 광고, 허위 광고, 기만 광고에 적용해 볼 수 있다고 주장했다. 다만 광고의 지속가능을 위해서는 광고에 대한 보다 근본적인 성찰, 또는 마음가짐이 필요하다고 생각된다.

인간의 본성에 대해 성선설을 주장한 맹자의 말에 귀를 기울여 보자. ≪맹자≫의 손추편(公孫丑篇)에서는 인간의 본성에서 우러나오는 4가지 마음을 측은지심(惻隱之心)·수오지심(羞惡之心)·사양지심(辭讓之心)·시비지심(是非之心) 4가지로 소개하고 있다. 측은지심은 타인의 불행을 아파하는 마음, 수오지심은 부끄럽게 여기고 수치스럽게 여기는 마음, 사양지심은 타인에게 양보하는 마음, 시비지심은 선악 시비를 판별하는 마음이나. 맹자에 의하면 이것은 모든 사람이 다 가지고 있는 것으로 일종의 선천적인 도덕적 능력이다. 그러므로 맹자는 이것을 확충함으로써 인(仁)·의(義)·예(禮)·지(智)의 덕을 실현할 수 있다고 하였다. 인간의 소박한 자발적

[표 8-1] 오상과 한양도성

오상(五常)	인(仁)	의(義)	예(禮)	지(智)	신(信)
내용	측은지심 (惻隱之心) 불쌍한 것을 보면 가엾게 여겨 정을 나누고자 하는 마음	수오지심 (羞惡之心) 불의를 부끄러워하고 악한 것은 미워하는 마음	사양지심 (사讓之心) 자신을 낮추고 겸손해하며 남을 위해 사양하고 배려할 줄 아는 마음	시비지심 (是非之心) 옳고 그름을 가릴 줄 아는 마음	광명지심 (光名之心) 중심을 잡고 항상 가운데에 바르게 위치해 밝은 빛을 냄으로써 믿음을 주는 마음
한양 도성에 적용	동대문은 '인(仁)'을 일으키는 문 흥인지문 (興仁之門)	서대문은 '의(義)'를 두텁게 갈고 닦는 문 돈의문 (敦義門)	남대문은 '예(禮)'를 숭상하는 문 숭례문 (崇禮門)	북문은 '지(智)'를 넓히는 문 홍지문 (弘智門)	종각은 가운데를 뜻하는 '신(信)' 보신각 (普信閣)[1]

[그림 8-1] 한양도성의 4대문과 오상

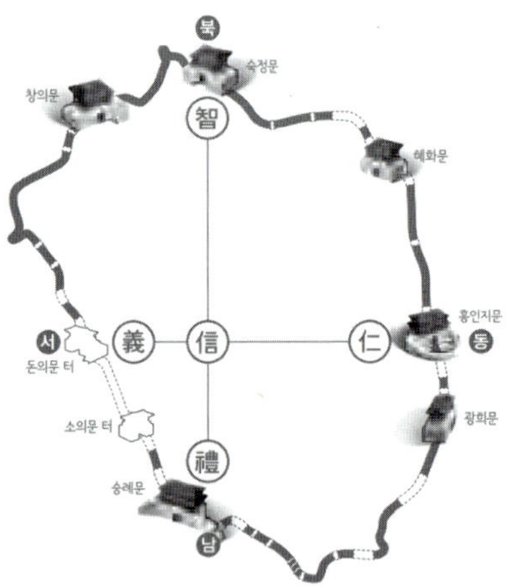

출처: 서울한양도성 가이드북(https://seoulcitywall.seoul.go.kr)

1 서울 도성의 4대문은 인의예지(仁義禮智)의 4덕에 따라 지었는데 북대문은 변화를 주었다. 정도전이 북대문의 이름을 소지문(炤智門)으로 하자는 의견이 있었지만 숙청문(肅淸門)이 되었다. 숙종 때 지어진 도성의 2차 방어선인 탕춘대성의 홍지문(弘智門) 안에 지(智)의 덕목이 들어가 있다. 북대문의 원래 이름은 숙청문(肅淸門)으로, 북쪽에 있는 대문으로 북대문·북문 등으로도 불렀다(https://munchon.tistory.com/75).

인 행위를 보면 인간의 본성이 착하다는 것을 알 수 있다(한국학중앙연구원, 민족문화대백과사전). 지속가능한 광고를 인간의 본성 차원에서 인의예지 사단(四端)에 신(信)을 포함하여 오상(五常)으로 살펴보았다. 참고로 한양을 도성으로 정한 조선왕조는 동서남북의 4대문의 이름에 인의예지를 넣고 그 중앙에 보신각을 위치시켜 [표 8-1], [그림 8-1]과 같이 오상을 완성하였다.

1. 인(仁) : 불쌍한 것을 가엾게 여기는 마음

1) 네이버 SME 캠페인

언택트의 장기화와 불황을 거치면서 온라인에서 창업하는 SME(Small Medium Enterprise, 중소상공인) 사업자들이 증가하고 있다. 네이버는 이러한 중소상공인의 비즈니스 성장 스토리를 알리는 SME 캠페인을 진행하였다. TV 광고를 통해 온라인 창업 플랫폼 스마트스토어로 사업을 시작하는 SME 사업자들이 네이버 플랫폼 내의 다양한 기술과 데이터를 활용해 성장할 수 있다는 메시지를 전달하였다. SME 캠페인에서는 스마트스토어, 쇼핑라이브 등 네이버에서 제공하는 다양한 플랫폼을 활용해 실제 사업을 성장시킨 스마트한 SME 사장들을 모델로 출연시켰다. 이들의 활용 사례를 힙하고 신나게 보여줌으로써 우리 사회의 새로운 경제 주체로 주목받고 있는 SME 사업자들을 소개하였다.

한강주조 편은 성수동에서 서울쌀로 직접 막걸리를 빚는 고성용 씨의 이야기를 담았다. 감각적이고 맛 좋은 막걸리로 소문난 한강주조는 사업 초기에 네이버에서 지원받은 성장포인트와 리뷰마케팅을 적극적으로 활용했다. 2B Craft편에서는 대구에서 수제 롱보드를 제작하는 1인 사업가 황덕현 씨의 이야기를 담았다. 스마트스토어로 2B 크래프트를 오픈

[그림 8-2] 네이버의 SME 캠페인 한강주조 편

출처: 매드타임즈(2021.4.6.)

하고 고객과 1:1로 소통하는 네이버 톡톡을 활용해 커스텀 상품을 제작했다. 나만의 보드를 만들어주는 '2B 크래프트'는 차별화된 경쟁력을 갖춰나가며 매출성장을 이뤄냈다. 한강주조는 TV 온에어 후 전 주 대비 매출 1,485% 증가, 대구의 수제 롱보드 2B 크래프트는 평소보다 커스텀 보드 제작 의뢰 건수가 232% 증가했다. 네이버 SME 캠페인은 스마트스토어 창업 성공의 비결을 알릴 뿐 아니라 광고에 출연한 분들의 실제 사업 성장에도 도움이 되어 Win-Win 효과를 얻을 수 있었다(매드타임스, http://www.madtimes.org).

2) 라코스테 불우이웃 옷 기부 스티커

프랑스 의류브랜드 라코스테는 'Give for Good 2020' 캠페인을 실시했다. 연말 온라인 주문이 많은 시기에 쏟아지는 주문을 나눔으로 연결하였다. 주문된 박스에 무료 배달 스티커를 동봉해 보냈다. 옷을 받은 구매자는 자신의 안 입는 옷을 골라 배달된 박스에 담아 반송한다. 옷 상태는 다른 사람이 입을 수 있어야 한다. 브랜드는 라코스테가 아니어도 상관없고 박스 위에 동봉된 무료 배달 스티커를 붙여 자선단체 Apprentis d'Auteuil로 보낸다. 기증된 옷은 이 단체가 관리하는 어린이들에게 나눠지며 누구나 쉽게 참여하도록 기획되었다. 캠페인의 기획 배경에는 코로나19 상황이 깊이 관여한 것으로 보인다. 라코스테는 2020년 한 해 동안

[표 8-2] 라코스테 불우이웃 무료 송장 스티커 Give For Good 절차

• 라코스테에서 온라인 주문 시 받게 되는 택배 박스 • 박스에는 주문한 제품과 스티커가 동봉 • 자선단체로 무료 배송 가능한 송장 스티커 • 옷장에서 기부할 옷을 고르기 • 기부할 옷을 다시 택배 박스에 담기 • 동봉된 송장 스티커를 붙여 배송하기

출처: HASD 블로그

[그림 8-3] 라코스테 Give For Good

출처: HSAD 블로그

코로나19로 프랑스 전역에 봉쇄 기간이 길어짐에 따라 집에 머무는 시간이 증가한 소비자들의 옷장에는 여전히 상태는 좋지만 사이즈나 색상, 스타일이 맞지 않게 된 옷이 많을 것으로 예상했다. 그런 옷들을 실질적인 도움이 필요한 취약 계층에 나눌 기회를 마련함으로써 소비자들의 뜻깊은 참여를 이끌어 내겠다는 취지다(HSAD 블로그).

2. 의(義) : 옳은 것을 지키는 마음

1) 우리은행 X TheSMC 3.1절 기념 캠페인

우리은행과 디지털 광고회사 더에스엠씨그룹(TheSMCGroup)이 협업해 진행한 '#기억하_길' 캠페인이 화제를 모았다. 캠페인은 3.1절을 기념해 역사적 의미를 되새기고, 잘 알려지지 않은 독립운동가를 재조명하기 위해 기획되었다. 이용자들은 두 가지 방식으로 참여할 수 있는데 첫째, 더에스엠씨그룹의 참여형 콘텐츠 플랫폼인 '방구석연구소' 사이트에서 나와 닮은 독립운동가를 찾는 심리 테스트에 참여한다. 심리 테스트는 1919년이라는 시대와 남대문 시장, 종로 파고다 공원(현재 탑골공원) 등의 공간으로 구성되었다. 참여자는 설문 응답을 통해 16가지 MBTI 유형 중 나와 가장 비슷한 성향의 독립운동가를 확인할 수 있다. 그뿐만 아니라, 테스트 결과를 확인하는 페이지에서는 업적에 대한 설명도 제공되고 있다. 유튜브 채널 'OTR'에서 무명 배우들이 연기한 각 독립운동가 인물들의 인터뷰도 볼 수 있다.

둘째, 앞 테스트 결과를 인스타그램, 페이스북, 트위터 등 SNS에 공유한다. 공유 게시물에 '#기억하_길', '#독립운동가테스트' 해시태그를 작성해 온라인상에서 만세운동을 재현한다. 캠페인 주최 측은 해당 해시태그와 함께 공유된 게시물 한 건당 어려운 환경에 처한 독립운동가의 후손에게 1,000원씩 기부되는 프로그램을 마련해 이용자의 참여를 이끌었다. 이에 캠페인 시작 5일 만에 테스트 참여자 수는 72만 명에 달했으며, 인스타그램 상에서만 3만 건 이상 게시물이 공유되었다.

3.1절을 기념해 우리은행과 더에스엠씨그룹이 협업한 '나와 닮은 독립운동가' 심리 테스트에 81만 명 이상이 참여했다. 테스트 결과를 공유한 SNS 게시물은 3만 건 이상, 이를 통해 독립운동가를 위한 사업에 목표 기부액 3천만원 이상 달성하였다(DMC리포트, 2020).

2) 허쉬 세계 여성의 날 브랜드 행동주의

칸 광고제에서 허쉬의 세계 여성의 날 캠페인이 인더스트리 크래프트 부문 동상을 수상했다. 2021년 3월 8일, 세계 여성의 날을 맞이해 미국 펜실베이니아 주에 본사를 두고 있는 글로벌 초콜릿 브랜드 허쉬(Hershey)가 특별한 캠페인을 진행했다. 브랜드명으로부터 착안한 아이디어를 기반으로 허쉬(HERSHEY'S)의 "SHE" 부분만을 따로 강조해 상품 패키징 디자인을 새롭게 바꿔, 미국 내 주요 4개 매장을 방문하는 첫 1,000명의 고객에게만 제공하였다. 2020년 허쉬 브라질 지사에서 2020년 세계 여성의 날을 기념해 동일하게 "SHE" 단어를 강조한 한정판 패키징 에디션을 공개해 큰 성과를 거둔 사례가 있어, 본사 차원 전 세계적으로 관련 캠페인을 대대적으로 집행한 것이다.

허쉬는 온라인에서도 세계 여성의 날을 기념하는 디지털 전략을 적극적으로 실행하였는데 미항공우주국(NASA) 수학자 캐서린 존슨(Katherine Johnson), 유명 저널리스트인 글로리아 스타이넘(Gloria Steinem) 등 선구적인 여성이 등장하는 약 30초 분량의 짧은 영화를 제작, 자사의 공식 트위터 계정에 공개했다. 이에 #CelebrateSHE 해시태그를 붙여, 누구나 손쉽게 해당 영상을 리트윗하거나, 동일한 해시태그를 사용해 세계 여성의 날을

[그림 8-4] 허쉬 초콜릿 세계 여성의 날 한정판 에디션 패키징

출처: DMC미디어(2020)

축하하는 분위기를 조성하였다.

브랜드가 사회적 이슈에 관한 입장을 드러내는 경우가 눈에 띄게 늘어났다. 이는 물건을 구매할 때, 브랜드의 '가치'를 중시하는 MZ세대를 효과적으로 타기팅하기 위한 '브랜드 행동주의(Brand Activism)'가 화두로 떠올랐기 때문이다. 브랜드가 단순한 입장표명을 넘어 실제로 의미 있는 행동을 취함으로써 소비자들에게 조금 더 진정성 있게 다가가는 것이 중요하다(DMC미디어, 2020).

3. 예(禮) : 사양하고 배려하는 마음

1) 반려동물 사료 페디그리 유기견 입양

미국의 반려동물 사료 브랜드 페디그리(Pedigree)는 2021년 3월 음성 기반 SNS '클럽하우스(Clubhouse)'를 활용해 반려견 입양을 홍보에 나섰다. 캠페인은 페디그리가 운영하는 자선단체 '페디그리 파운데이션(Pedigree

Foundation)'과 협력해 코로나19로 불경기 속 급증하는 유기견들이 새 주인을 만날 수 있도록 기획되었다. 미국 현지 클럽하우스에서는 정신건강 전문가, 알레산드라 토레사니(Alessandra Torresani)가 모더레이터(moderator)로 참여한 오디오 채팅방이 열렸다. 이 방에는 입양 가능한 20마리의 유기견들이 함께 참여했다. 채팅방에서는 반려동물을 키우는 것에 대한 정서적 혜택을 이야기했으며 방에 참여한 청취자들은 유기견의 프로필을 클릭해 특징과 성격, 입양 방법 등에 대한 정보와 세부사항을 확인할 수 있었다.

이렇듯 클럽하우스 플랫폼의 특징을 활용한 캠페인은 기존 입양 캠페인과는 달리, 반려동물 소유와 입양에 대한 깊이 있는 대화에 초점을 맞춰 긍정적인 평가를 받았다. 2020년 줌으로 입양이 필요한 반려견을 이어주는 버추얼 입양 이벤트 독스 온 줌(Dogs On Zoom)을 선보여 화제가 되기도 하였다. 페디그리는 팬데믹 환경에 발 빠르게 대응해 인기있는 플랫폼을 활용한 참신한 마케팅을 진행함으로써, 공익적 목적을 달성할 뿐

[그림 8-5] **페디그리 클럽하우스 계정 독하우스**

출처. DMC미디어(2020)

아니라 브랜드 이미지 제고도 성공적으로 이끌어냈다. 코로나 시대에 줌과 클럽하우스와 같은 핫한 미디어를 활용해 공익과 사업을 연결해 전염병의 파고를 넘어섰다.

2) 버거킹 영국 프랑스 소규모식당 무료홍보

영국과 프랑스의 버거킹이 자사 인스타그램 계정 통해 소규모 레스토랑을 무료로 홍보하였다. 2020년 12월, 코로나19로 경영난을 겪고 있는 소상공인 레스토랑을 돕고자 자사 인스타그램 공식 계정에서 #Whopperandfriends 캠페인을 실시했다. 해당 지역에서 코로나19 바이러스가 재확산됨에 따라 식당의 영업이 배달 또는 포장으로 제한되거나 아예 문을 닫아야 하는 상황에 직면하자 위기에 처한 소규모식당 상인을 돕기 위한 취지로 시작되었다. 버거킹은 "세상에는 '와퍼(whopper)'만큼 유명해질 자격을 갖춘 수천 곳의 음식점과 훌륭한 음식들이 있다."는 광고와 함께 영업이 정상적으로 재개될 때까지 해당 캠페인을 지속할 것이라고 알렸다.

캠페인은 광고를 원하는 레스토랑이 인스타그램에 #Whopperandfriends라는 해시태그와 함께 메뉴 사진을 게시하면 버거킹이 해당 사진에 "집에서 주문하세요"라는 카피를 삽입한 편집본을 자사 계정에 포스팅한다. 버거킹 프랑스의 공식 인스타그램 계정 팔로워 수는 33만 명, 영국 계정의 경우 4만 2,000명이라고 한다. #Whopperandfriends 캠페인을 통해 프랑스와 영국에 소재한 소규모 레스토랑들은 수십만 명 이상의 팔로워에게 무료로 홍보할 수 있게 되었다.

소비자들도 이러한 버거킹의 선한 영향력을 지지하며, 일부 레스토랑의 홍보 게시물에는 최대 1만 개가 넘는 댓글이 달렸다. 댓글에는 긍정적인 반응이 주를 이루었고 업계 전문가들도 브랜드의 선한 영향력을 의미있게 활용한 With 코로나 캠페인의 좋은 사례로 평가하였다.

[그림 8-6] 버거킹 인스타그램 계정을 활용한 소규모식당 무료 홍보

출처: DMC미디어(2020)

4. 지(智) : 옳고 그름을 가리는 마음

1) 동서식품 맥심 재택근무

코로나19로 사회적 거리두기가 강화되면서 자연스럽게 재택근무가 늘어났다. 이를 국내 대표 커피믹스 브랜드 동서식품 '맥심(Maxim)'이 캠페인으로 발전시켰다. 2020년 12월부터 방영하고 있는 광고는 '지하철' 편과 '그네' 편 두 가지로 제작되었다. 광고에서는 커피믹스 스틱이 재택근무의 출근을 돕는 지하철과 그네를 연상시키는 커다란 크기로 바뀐다. 모델은 커피믹스를 타고 책상까지 도착해 업무를 시작하는데, '커피를 단다'라는 중의적인 카피로 소비자들에게 맥심의 커피믹스 제품이 재택근무를 원활하게 지원해 준다는 메시지를 전달하고 있다.

광고가 공개된 뒤, 소비자들 사이에서 초대형 커피믹스 스틱을 타고 출근한다는 연출이 신선하다는 의견이 다수 제기돼, 뒤이어 자사에서는 이벤트성으로 '맥심 모카 스틱쿠션'을 제작하여 맥심커피 믹스 제품을 구입하는 소비자들에게 이를 추가로 증정하였다. 캠페인 결과, 맥심 모카 스틱쿠션은 각종 SNS 및 온라인 커뮤니티 상에서 입소문을 타기 시작했고, 쿠션을 얻기 위해 맥심커피 스틱을 구매하는 소비자도 늘어났다. 맥심커피가 기존에 갖고 있던 다소 전통적인 이미지에서 벗어나, 소비자들의 '뉴노멀(new normal)' 라이프 스타일 트렌드를 잘 반영해 일상생활에 새롭게 녹여냈다. 맥심커피가 앞으로 '식음료' 브랜드에 머물지 않고, 소비

[그림 8-7] **맥심커피 카카오톡 플러스친구 이벤트 페이지**

출처: DMC미디어(2020)

자들의 일상생활 및 업무 환경을 조성하는 하나의 '라이프 스타일' 브랜드로써 성장해 나갈 수 있을지 그 가능성에 주목하고 있다.

2) 프라이탁 자전거 가방 무료대여

프라이탁은 스위스를 대표하는 업사이클링 브랜드로 1993년 평소 자전거를 애용하던 마커스, 다니엘 형제가 가방이 비에 젖는 것을 막고자 버려진 트럭 방수포로 백을 만들면서 시작되었다. 5년 넘게 사용된 폐방수천, 폐타이어, 안전벨트, 자전거 고무 튜브를 재활용해 가방과 지갑, 파우치 제품을 생산한다. 소재의 특성상 매년 30만 개 가방이 모두 다른 디자인으로 만들어지며 실용성이 뛰어나 MZ세대에게 사랑받는다. 공장 사용 에너지의 50%는 재활용 열로 대신하고 빗물을 사용하는 친환경적인 생산시설로 만든다. 장애인, 외국인 노동자 같은 취약계층에게 일자리를 제공하는 노력도 펼치고 있다(Life is Orange, 2021).

2021년 5월 19일, 프라이탁(FREITAG)이 국내를 포함한 주요 8개국의 자사 공식 매장을 통해 자전거 가방(힙백) 제품을 무료로 대여해주는 캠페인을 약 두 달간 진행했다. 캠페인 참여 방법은 소비자가 프라이탁에서 지정한 공식 매장에 방문해 자전거 힙백 렌탈 신청서를 작성하고, 대여 시 제공되는 모델인 'F153 제이미(JAMIE)' 착용 인증 사진을 찍은 후 "#ride-

[그림 8-8] 프라이탁 자전거 가방 무료대여 캠페인

출처: https://www.freitag.ch/en/ridewithfreitag

[그림 8-9] 프라이탁 자전거가방 무료 대여 캠페인(웹사이트)

출처: https://www.freitag.ch/en/ridewithfreitag

withfreitag"라는 해시태그와 함께 인스타그램에 해당 사진을 올리면 된다. 프라이탁 측에서 이를 승인하면, 소비자는 해당 힙백을 사용하고 2주 뒤 매장에 재방문하여 제품을 반납하면 된다. 이번 캠페인은 최근 시작한 일명 "순환 선언 프로젝트(FREITAG Manifesto)"의 일환이다. 프라이탁은 해당 프로젝트로 제품을 "소유"하기보다는 "대여"하는 것이 중요하다는 메시지를 전달했다. 이번 이벤트는 프라이탁이 자사 브랜드 이미지와 가장 밀접한 관계를 보이는 '자전거'를 핵심 수단으로 활용하여 더욱 강력한 브랜딩 효과를 유발했다. 제품의 소유보다는 대여를 통해 친환경적인 일상을 꿈꾸는 자사 브랜드의 철학을 효과적으로 전달하였다(DMC리포트, 2021).

5. 신(信) : 믿음을 주는 마음

1) 페북코리아 헌혈 기능 소셜미디어

가까운 사람끼리는 페이스북 친구로 묶여 있어 일상을 쉽게 공유한다. 친구 관계에서 사진이나 콘텐츠의 공유는 실시간으로 전 세계로 연결된다. SNS의 이런 특징을 잘 활용하여 헌혈이 필요한 환자가 있으면 근처에 있는 헌혈자에게 알림을 전달하는 기능이 국내 페이스북에 도입되었다. 페이스북코리아가 대한적십자사와 손을 잡고 수혈이 필요한 환자들을 돕고자 '헌혈 기능'을 추가한 것이다. 이용자가 개인 프로필 정보 탭의 헌혈 기능을 활용해 '헌혈자'로 등록하면 대한적십자사 혈액관리본부에서 혈액 수급에 어려움이 생길 때 헌혈자에게 페이스북을 통해 알림을 보낼 수 있다. 또한 가까이에 거주하는 헌혈자에게 해당 알림이 전송된다. 알림을 확인한 이용자가 헌혈을 희망하면, 가까운 헌혈의 집에 연락해 헌혈에 참여할 수 있다. 국내에서는 처음으로 도입되었지만 다른 나라에서는 이미 2017년부터 서비스 중이라고 한다.

미국, 남아프리카 등 전 세계 약 28개국에서 사용한 결과 페이스북 내 헌혈자는 8,500만 명이 넘은 것으로 알려졌다. 페이스북 헌혈 기능으로 코로나19로 인해 발생한 헌혈자 감소 문제에 도움을 줄 것이다. 전염병 발생 이후 많은 국민들이 채혈 과정에서 타인과의 접촉을 통한 전염을 우려해 헌혈 참여를 꺼려왔다.

페이스북코리아의 헌혈 기능 도입은 만18세 이상~65세 미만 이용자들의 뉴스피드에 '헌혈자' 등록을 권하는 메시지를 노출해 이용자의 헌혈 활동을 장려한다. 페이스북의 헌혈 기능 출시를 통해 적시에 혈액 수급 관련 정보를 전달하고 헌혈 참여를 요청할 수 있게 되어 수혈이 필요한 환자들을 위한 안정적인 혈액 수급이 이어질 전망이다. 헌혈자와 이를 필요로 하는 사람들을 연결시켜주는 헌혈 기능은 페이스북이 추구하는 커뮤니티의 가치를 강화하는 역할을 수행하고 있다. 개인의 선한 영향력을 확대하는 소셜 플랫폼의 사회적 책임을 다하고 코로나19로 어려움을 겪고 있는 의료 시스템 안정화에 기여할 것으로 기대되었다(정혜진, 2021.1.27).

국내 페이스북 이용자들이 앱 내 '헌혈 기능'을 이용하는 방법

Step 1 : 페이지 접속
페이스북 뉴스피드의 검색 기능을 통해 '헌혈'을 입력해, Facebook 바로가기 헌혈 페이지를 클릭

Step 2 : 헌혈자 등록
페이지 상단 및 하단 부분에 위치한 "업데이트 받기" 메뉴를 클릭해, 헌혈 관련 최신 정보 수신 동의 및 헌혈자 등록 완료

Step 3 : 헌혈의 집 위치 확인
이용자 실시간 위치를 기반으로 근처 헌혈의 집 위치정보 확인 및 이에 대한 전화 연결(예약 문의), 알림 설정, 위치 공유 기능까지 사용 가능

Step 4 : 헌혈 예약 및 알림 설정
근처 헌혈의 집에 전화 예약 완료 시, 예약 날짜 및 장소를 페이스북 앱 내 별도의 알림 설정 기능에 입력

Step 5 : 헌혈 참여 독려
이후, 페이스북 헌혈 페이지 하단에 위치한 "독려하기" 메뉴를 클릭해, 다른 이용자들의 헌혈 참여를 독려하는 콘텐츠 게시 및 공유

[그림 8-10] 페이스북 앱 내 헌혈 기능

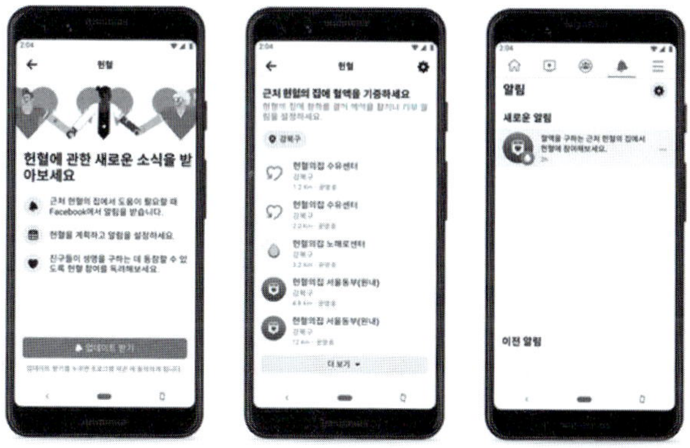

출처: 정혜진 (2021.1.27). 페이스북, 헌혈 필요한 환자와 헌혈자 연결해주는 서비스 국내노입. 서울경제

2) 보건복지부 생활방역 다음의 마음

보건복지부가 광고회사 애드쿠아 인터랙티브와 함께 2020년 12월 진행한 〈다음의 마음〉편은 수도권을 중심으로 코로나19 3차 유행이 시작되면서 기획되었다. 많은 사람이 다양한 모임을 계획하고 있는 연말연시에 코로나가 확산되지 않으려면, 모임을 취소하고 거리두기를 강화해야 하는 메시지가 필요했다. 따라서 시민의 행동 변화를 이끌어 내기 위해 "다음"이라는 키워드를 중심으로 캠페인을 전개했다. 수도권에 한해서는 지금까지 중 가장 큰 규모의 환자가 발생하여 확산 방지를 위한 전 국민적 노력이 간절한 상황에서 연말 모임을 앞두고, 코로나19 확산 방지를 위해서 '거리두기' 메시지를 국민들에게 보다 적극적으로 전파해야 했다. 연말 모임 약속을 다음으로 기약하는 행동 변화를 끌어낼 수 있는 캠페인을 선보이고자 했다.

전 국민을 타깃으로 하고 만나지 못하는 당장의 아쉬움보다는 서로를 위해 '다음으로 미루는 것'이 필요한 때라는 의미를 담은 슬로건 〈다음의 마음〉을 개발하였다. '다음에 만나자'라는 말에 '서로를 배려하는 마음'이 담겨있다는 메시지의 캠페인을 전개했다. 캠페인 영상 속에 가족, 회사, 친구 등 다양한 사회구성원이 등장하여 '다음을 기약하는 모습'을 보여줌으로써, 보는 이들로 하여금 약속을 다음으로 기약하는 행동 변화 끌어내고자 했다.

캠페인 영상을 통해 코로나19 상황 속에서 사회적 거리두기를 실천하는 국민들이 서로에게 전하는 '다음'이라는 키워드가 '마음'이 되는 모습을 가시적으로 제시했다. 광고모델로 전 골프선수 박세리 감독의 재능 기부 방식으로 출연, 사회적 거리 두기 동참을 위한 메시지 전달에 기여했다. 박세리 감독은 '다음'이라는 말에는 서로를 배려하는, 건강을 걱정하는, 함께 극복하자는 마음이 담겨있다는 광고의 핵심 슬로건을 힘있게 전달해 국민들의 적극적 참여를 도모했다. 캠페인 영상은 디지털과 종편, 케이블 등 방송사, 옥외, 온라인 등 다양한 경로를 통해 전국에

[그림 8-11] 보건복지부 다음의 마음편

출처: 매드타임즈(2021.1.8.)

방영됐다. 한 달 캠페인 동안 디지털상에서 총 349만 뷰를 달성했으며, 시청자들로부터 긍정적인 반응을 이끌어 낸 것으로 평가되었다(신성수, 2021.1.8)

| 제 4 절 |

광고의 지속가능한 미래

코로나19 팬데믹을 맞아 지속가능한 소비와 광고에 대해서 살펴본 이 글에서는 최근의 주요 광고 캠페인 사례를 살펴보고 지속가능을 인간의 본성에서 우러나오는 5가지 마음과 연결하여 살펴보았다. 맹자의 측은지심, 수오지심, 사양지심, 시비지심, 광명지심이 그것인데, 불쌍한 것을 가엾게 여기는 마음, 옳은 것을 지키는 마음, 사양하고 배려하는 마음, 옳고 그름을 가리는 마음, 믿음을 주는 마음이다. 결국 지속가능은 브랜드와 소비자를 잇는 광고가 위의 5가지 마음을 가진 인간의 얼굴을 보여줄 때 가능하다.

첫째(측은지심), 네이버 SME 캠페인은 중소상인을 먼저 생각하고 이들을 지원하였고 라코스테의 Give For Good은 옷이 필요한 청소년들에게 옷 이전에 측은한 마음을 보였다. 둘째(수오지심), 우리은행의 3.1절 기념과 허쉬 여성의 날 캠페인은 불의에 맞서 브랜드의 행동주의를 보여줌으로써 지킬 것은 지켜나갔다. 셋째(사양지심), 페디그리의 반려동물 입양과 버거킹의 소규모식당 홍보는 클럽하우스, 줌, 인스타그램 같은 채널을 활용하여 내 것을 사양하고 상대를 배려하는 마음을 전했다. 넷째(시비지심), 맥심 재택근무는 시대적인 변화에 힘겨운 직장인을 위로하였고, 프라이탁의 자전거 가방 무료대여는 필수적인 환경의 중요성을 한 번 더 소개하였다. 다섯째(광명지심), 페이스북의 헌혈 기능 SNS는 인간에 대한 믿음을 보건복지부 다음의 마음은 잠시 사회적 거리두기로 인해 잠시 떨어져 있는 국민들을 위로하였다.

앞으로의 광고는 지속가능해야 한다. 아니 지속가능하도록 노력해야 한다. 마케팅 커뮤니케이션으로 기업과 조직에 성과를 환류해야 하나 그보다 먼저 따뜻한 마음을 가질 수 있을 때 오래 사랑받을 수 있다. 인의예지신으로 거듭나는 광고의 지속가능한 성장을 기대해본다.

참고문헌

김병희, 이희복, 성윤태, 양승관, 김지혜 (2021). 광고산업의 지속성장을 위한 건전성 확보 방안 연구. 한국방송광고진흥공사 보고서.

김홍탁, 문나래, 이상진, 장헌주, 임지성, 이주열, 박성재 (2019). 지속가능은 가능한가. 휴먼큐브.

신성수 (20201.1.8). 보건복지부 생활방역 캠페인 '다음의 마음'. 매드타임스.

전남일보 (2021). 지속가능한 사회를 위한 17가지 제언(공 프로젝트 시즌2).

전성호, 오정민 (2013). 마인드맵으로 술술 풀어가는 용어사전. 푸른길.

정혜진 (2021.1.27). 페이스북, 헌혈 필요한 환자와 헌혈자 연결해주는 서비스 국내도입. 서울경제

DMC리포트 (2020.4.9). 코로나19, 뉴노멀과 커뮤니케이션 전략에 대한 탐색.

DMC리포트 (2021.5.24). ESG에 대한 이해와 커뮤니케이션 동향 분석.

메조미디어 (2021). 팬데믹 상황 속에서 소비자를 사로잡는 8가지 인사이트.

Life is Orange (2021). Just Required, Not Optional. 착하면 손해, 착해야 성해. 이노션 사보 42호.

HSAD 블로그 : https://blog.hsad.co.kr/2999 [HS Adzine]

매드타임스(MADTimes) : http://www.madtimes.org

한국학중앙연구원, 한국민족문화대백과사전 : http://encykorea.aks.ac.kr

서울한양도성 가이드북 : https://seoulcitywall.seoul.go.kr

PART

06

지속가능한 소비를 위한 윤리적 및 법적 규제 등

Chapter
09

지속가능한 소비/윤리적 소비와 광고

코로나19 발생 이후, 지속가능한 소비 또는 윤리적 소비에 대한 중요성이 부각되고 있고, 이에 대한 소비자들의 인식 또한 빠르게 확산되고 있다. 윤리적 제품을 구매하는 소비자들을 윤리적 소비자(ethical consumer)라고 하는데, 이들은 제품을 단순히 구매하는 행위를 넘어 제품이 시장과 사회에 가져다줄 도덕적이고 윤리적인 영향까지도 고려하는 특징을 가지고 있다(이청림, 차문정, 2020). 이러한 윤리적 소비에 대한 소비자들의 관심 증대는 광고와 마케팅의 변화를 가져왔으며, 윤리적 소비에 대한 광고와 마케팅의 역할에 대한 모색의 필요성이 제기된다.

본 장에서는 윤리적 소비의 유형과 특성을 살펴보고, 윤리적 소비행동에 영향을 미치는 요인들(예를 들어, '이타주의', '지각된 소비자 효과성', '물질주의', '윤리적 책임', '윤리적 이슈에 대한 관심', '윤리적 이슈와의 동일시')에 대해 살펴보고자 한다. 이는 윤리적 소비를 촉진할 수 있는 광고의 역할에 대해 모색해 볼 수 있는 기회를 제공할 수 있을 것이다.

| 제1절 |

윤리적 소비(ethical consumption)

지금까지 지속가능한 소비(sustainable consumption)라는 개념은 친환경 소비, 윤리적 소비라는 용어와 같은 개념으로 혼용되고 있다. 윤리적 소비(ethical consumption) 또는 윤리적 소비주의(ethical consumerism)의 정의는 다양하나, 윤리적 소비는 다음과 같이 정의된다: '소비자의 상품 선택에서 윤리적인 측면에 우선순위를 두는 정도'(Shaw & Clarke, 1998), '소비자의 개인적이고 도덕적인 신념에 따라 신중한 선택을 하는 소비행위'(Crane & Matten, 2004).

윤리적 소비란, 개별적이고 도덕적인 신념을 가진 소비자가 인간, 사회, 환경에 대한 사회적 책임을 실천하고자 하는 소비활동이다(오종철, 2014; 허은정, 2011; 홍연금, 송인숙, 2008, 2010). 즉, 윤리적 소비는 소비자 개인의 사적인 이익만을 고려하는 것이 아니라, 자신의 소비행동이 환경이나 사회에 미치는 영향까지도 고려하는 행동으로 볼 수 있다(홍연금, 송인숙, 2010). 더 나아가, 윤리적 소비는 불필요한 소비를 줄이고, 소비를 절제하고, 자발적 간소화를 지향하며, 환경친화적 소비를 통한 지속가능한 소비를 실천하는 행동으로 볼 수 있다(홍연금, 송인숙, 2010).

윤리적 제품을 구매하는 소비자들을 윤리적 소비자(ethical consumer)라고 하고, 윤리적 제품은 '생산과정부터 환경과 사회를 고려하여 환경 보호 및 거래의 공정성이 포함된 상품'으로 정의되며(김송이, 박명숙, 2011), 윤리적 제품의 유형은 친환경 제품, 공정무역 제품, 로컬 제품, 사회적 기업

[표 9-1] 소비과정에 따른 윤리적 소비행동 분류

소비과정	윤리적 소비	
자원배분활동	윤리적 투자, 나눔 및 기부	자발적 간소화
구매행동	환경친화적 제품 구매, 공정무역제품 구매, 공정여행, 로컬구매, 불매운동	
사용행동	에너지, 물, 자원 절약	
처분행동	재활용과 재사용 행동(분리수거, 중고제품 이용), 쓰레기 줄이기	

출처: 홍연금, 송인숙(2010)에서 재인용

제품 등으로 분류된다(천경희, 홍연금, 윤명애, 송인숙, 2010).

홍연금, 송인숙(2010)은 윤리적 소비를 '소비자의 개별적, 도덕적 신념에 따라 사회적 책임을 실천하는 소비 행동'이라 정의하고(p.4), 윤리적 소비 행동을 '소비과정'과 '사회적 책임'에 따라 분류하였다. 소비과정에 따른 윤리적 소비 행동은 '자원배분행동', '구매행동', '사용행동', '처분행동', 그리고, 소비 전 과정에서의 '자발적 간소화'로 나누어진다(홍연금, 송인숙, 2010)([표 9-1] 참조).

그리고 사회적 책임에 따라 윤리적 소비를 분류하면, '경제적 책임', '법적 책임', '지속가능한 소비의 책임', '동시대 인류를 위한 책임' 측면으로 나누어 볼 수 있다(홍연금, 송인숙, 2010)([표 9-2] 참조).

첫째, 경제적 책임 범위의 윤리적 소비는 소비자가 경제 주체로서의 기본적 경제 윤리 의식을 가지고 합리적 소비행동을 하는 것을 말한다. 이는 소비자의 소비행동이 이해관계자들과의 공공의 이익에 가능한 피해가 가지 않도록 하는 소극적 의미의 윤리적 행동으로 볼 수 있다.

둘째, 법적 책임 범위의 윤리적 소비는 상거래 관계에서의 계약 이행의 의무와 법적 소비자의 책임을 다하여 이해관계자들에게 피해를 주지 않게 하는 소비행동을 의미한다.

[표 9-2] 사회적 책임 범위에 따른 윤리적 소비행동 분류

사회적 책임 범위	윤리적 소비
경제적 책임	경제 주체로서의 기본적 경제윤리 의식을 통한 합리적 소비 행동
법적 책임	계약 이행의 의무, 법적 소비자 책임, 불법적 소비 행동 금지 등
지속가능한 소비에 대한 책임	환경 친화적 소비(환경 친화적 제품 구매, 재활용, 중고 제품 이용, 쓰레기 분리수거, 쓰레기 줄이기), 소비 절제, 자발적 간소화
	불매운동, 윤리적 투자
동시대 인류를 위한 책임	공정무역, 로컬 구매, 공동체 화폐 운동, 공정여행, 나눔·기부

출처: 홍연금, 송인숙(2010)에서 재인용

셋째, 지속가능한 소비에 대한 책임 범위의 윤리적 소비는 환경과 다음 세대를 고려하는 사회적 책임으로 환경 친화적 소비, 소비 절제, 자발적 간소화를 들 수 있다.

넷째, 동시대 인류를 위한 책임 범위의 윤리적 소비는 공정무역, 로컬 구매, 공동체 화폐 운동, 공정여행, 나눔·기부 등이 포함된다.

또한, 불매운동과 윤리적 투자는 지속 가능한 소비와 동시대 인류를 위한 책임 범위 모두에 걸쳐 실천되는 소비행동으로 볼 수 있다(홍연금, 송인숙, 2010에서 재인용).

[그림 9-1]은 '이케아(IKEA)'의 "내가 아끼는 집, 나를 아끼는 집" 광고이다. 광고에서 페트병을 재활용하여 만든 커튼, 플라스틱을 재활용한 분리수거함 같은 제품들을 보여주면서, 이케아는 지속가능한 제품을 만드는 자신들의 역할을 강조하고 있다. 또한, 소비자들이 이케아의 환경 친화적 제품 구매에 동참함으로써 집과 지구를 보호하는 지속가능한 삶에 동참하도록 하는 메시지를 전달하고 있다.

[그림 9-1] 지속가능한 소비-이케아(IKEA)의 "내가 아끼는 집, 나를 아끼는 집"

출처: https://www.youtube.com/watch?v=ydBqSWv_GO8

| 제2절 |

윤리적 소비의 유형과 특징

윤리적 소비의 유형을 분류하는 기준은 다양하나, 그중 하나의 기준은 '소비자가 생산자에게 어떻게 관련이 되고, 어떠한 영향을 주고자 하는가'에 따라 5가지로 분류할 수 있다. 이 5가지의 윤리적 소비 유형은 '불매운동(boycotts)', '긍정적 구매', '충분한 점검(screened)', '관계적 구매', '반소비주의 또는 지속가능한 소비주의'이다(Harrison, Newholm, & Shaw, 2005; Brinkmann, 2004; 박미혜, 강이주, 2009에서 재인용) ([표 9-3] 참조).

[표 9-3] 사회적 책임 범위에 따른 윤리적 소비행동 분류

유형	특징
불매운동	환경이나 노동인권에 평판이 나쁜 기업의 제품 구입 거부
긍정적 구매	바람직한 윤리적 상품을 구입하는 것 예, 공정무역(fair trade)상품, 유기농 제품, 동물실험을 하지 않은 제품, 환경 관련 마크가 부착된 상품 구입 이 소비 형태는 윤리적 기업을 직접적으로 지원한다는 점에서 매우 중요
충분한 검증	어떤 브랜드가 가장 윤리적인지 모든 기업과 상품에 대한 정보를 검증 소비자 기관의 상품 정보 내 윤리적 등급을 비교 후 구매
관계적 구매	생활협동조합 등 생산자와 관계를 형성하는 공동체를 통한 구매 예, 로컬푸드(local food) 운동
반소비주의 또는 지속가능한 소비주의	환경에 오염을 일으키는 지속 불가능한 상품의 비구매, 재활용, 재사용 등

출처: 박미혜, 강이주(2009)에서 재인용

1. 불매운동

불매운동은 시장원칙에 근거한 소비자 운동이며, 소비자가 비구매 행동으로 자신의 의사를 표현하는 행위이다(천경희, 홍연금, 윤명애, 송인숙, 2010; 이영희, 2017에서 재인용). 이는 소비자가 기업에 영향력을 행사하기 위해 제품 구매를 거부함으로써 소비자 주권을 행사하는 행위를 의미한다. 이러한 불매운동의 동기는 환경을 파괴하는 기업의 제품을 고발할 목적, 녹색소비주의 입장에서의 제품 불매운동, 인체나 후손에 악영향을 미치는 농약, 화학약품, 의약품이나 유전자 대체 식품에 대한 불매운동, 특정 기업의 노동 조건 개선을 요구할 목적으로, 그 기업의 노동조합 혹은 그 외부 조직이 그 기업의 상품 및 서비스에 대한 불매운동을 촉진하는 것으로 볼 수 있다(박미혜, 강이주, 2009에서 재인용).

2. 긍정적 구매

긍정적 구매는 바람직한 윤리적 상품을 구매하는 것을 뜻한다(박미혜, 강이주, 2009에서 재인용). 공정무역(fair trade)상품, 유기농 제품, 동물실험을 하지 않은 제품, 환경 관련 마크가 부착된 상품 구매가 이에 해당되며, 이 소비 형태는 윤리적 기업을 직접적으로 지원한다는 점에서 매우 중요한 의미를 갖는다(박미혜, 강이주, 2009에서 재인용).

[그림 9-2]는 유기농 제품의 광고의 예이다. 매일유업의 '상하목장 유기농 우유' 광고는 "유기농 우유의 착한 혁명이 시작되었습니다"라는 문구와 함께, 상하목장은 청정한 자연에서 자란 젖소에게서 유기농 우유를

[그림 9-2] 유기농 제품 – 매일유업의 "상하목장 유기농 우유" 광고

출처: https://www.maeil.com/news/video_print.jsp?dt=2009

얻기 위해 노력하고 있음을 강조하고 있다. 상하목장에서 젖소들은 넓은 케이지 안에서 자유롭게 자라고, 곡물 사료 대신 유기농 풀을 먹고, 젖소의 배설물은 다시 퇴비로 사용되고 있다. 이는 매일유업이 동물복지를 실천하며, 유기농, 친환경을 실천하고 지속가능한 사회를 만들기 위해 노력하고 있음을 보여준다(http://sanghafarm.maeil.com/Brand/BrandStory.jsp).

또한, 광우병, 구제역, 조류독감과 같은 가축 질병이 빈번히 발생하면서, 항생제나 성장촉진제 등을 사용하지 않고, 사육밀도도 높지 않은 위생적인 시설을 갖춘 동물복지형 축산농가의 중요성이 커지고 현실이다. 이에 동물복지형 축산물에 대한 소비자의 수요는 더욱 증가할 것으로 전망되고, 정부에서도 동물복지형 축산농가 인증 제도를 실시하고 있다(이득연, 황미진, 2013).

[그림 9-3]은 동물복지인증을 받은 '자담치킨' 광고이다. '자담치킨' 광고는 자신들의 치킨 제품은 동물복지 인증 치킨만을 사용한다는 점을

[그림 9-3] 동물복지 인증마크 제품-"자담치킨" 광고

출처: http://www.ejadam.co.kr

[그림 9-4] 동물실험을 하지 않은 제품-"더바디샵(The Body Shop)" 광고

출처: https://www.youtube.com/watch?v=Lzs5PhMwrUY

강조하고, '동물복지', '무항생제', 'HACCP', '국내산 100%'라는 4개의 인증마크를 표시하고 있다. 또한, '동물복지인증은 국가가 부여하는 최고의 친환경 제도입니다'라는 메시지를 전달하면서, 자담치킨은 친환경을 실천하고 있음을 강조하고 있다.

[그림 9-4]는 동물실험을 하지 않은 제품의 광고의 예이다. 영국 자연주의 뷰티 브랜드 '더바디샵(The Body Shop)'은 화장품 동물실험 중단을 촉구하는 동물실험 반대 캠페인(Ban animal testing, #사랑하니까 반대합니다)을 벌이고, 자신들의 제품은 동물실험을 하지 않으며, 100% vegetarian이라는 점을 강조하고 있다.

1) 공정무역(fair trade) 운동

공정무역(fair trade)이란 윤리적 소비의 대표적인 실천 운동이다. 세계 경제 속에서 불평등을 해소하고, 생산과정에서 환경을 파괴하지 않는 새로운 형태의 무역으로, 대안무역으로도 불린다(Pelsmacker, Janssens, Sterckx, & Mielants, 2006). 이는 전통적인 경제모형에서 소외당한 제3세계 국가의 생산자들에게 공정한 가격으로 정당한 이익을 되돌려줌으로써 빈곤에서 벗어나 스스로 자립할 수 있도록 하는 사회운동을 의미한다(Pelsmacker, Janssens, Sterckx, & Mielants, 2006; White, MacDonnell, & Ellard, 2012).

최근 소비자들은 자신의 당위성만을 추구하는 것이 아니라 타인을 위한 정당성을 추구하는 측면이 높아짐에 따라 윤리적 소비 혹은 착한 소비에 대한 관심이 높아지고 있고(Loureiro & Lotade, 2005; Pelsmacker, Janssens, Sterckx, & Mielants, 2006), 이에 공정무역제품의 소비가 증가하고 있다(Loureiro & Lotade, 2005; Nicholls, 2002).

선행연구에 따르면, 소비자들이 자신의 윤리적 소비가 제3자의 혜택으로 돌아간다는 기대감이 충족된 경우에만 윤리적 제품의 구매의도에 긍정적인 영향에 미치는 것으로 나타났다(Trudel & Cotte, 2009). 또한, 한국 소비자들을 대상으로 한 공정무역 커피 소비에 대한 연구에 따르면, 동종 제품의 일반적 가격보다 높은 프리미엄 가격을 지불해야 함에도 불구하고, 응답자의 87%가 공정무역 커피에 대하여 가격 프리미엄을 지불할 의사가 있음을 보였다(정선미, 신현상, 2019).

[그림 9-5]와 [그림 9-6]은 엔제리너스(Angel-in-us) 커피숍이 2020년 1월 3일 출시한 싱글 오리진 커피 '콜롬비아 카우카(Columbia Cauca)' 광고이다. 이 광고는 콜롬비아 카우카 원두가 "100% 국제공정무역 인증을 받은" 원두라는 점을 강조하고 있고, "고객님이 구매하는 콜롬비아 싱글 오리진은 전 세계 75개국, 160만 명의 개발도상국의 생산자와 노동자의 지속 가능한 미래를 위한 글로벌 사회공헌 활동 기회를 만들어 줍니다"라며, 소비자들에게 공정무역 커피의 소비를 촉진하고 있다.

[그림 9-5] 공정무역-"엔제리너스(Angel-in-us)" 광고

출처: 롯데 공식 블로그 https://blog.lotte.co.kr/37267

[그림 9-6] 공정무역-"엔제리너스(Angel-in-us)" 광고

출처: Lotte Eats 홈페이지 https://www.lotteeatz.com/event/selectEvent?boardSeq=539

3. 관계적 구매

관계적 구매는 생활협동조합 등 생산자와 관계를 형성하는 공동체를 통한 구매를 의미한다. 예를 들어, 로컬푸드(local food) 운동은 생산자와 소비자를 지역에서 생산된 먹거리를 매개로 연결함으로써, 초국적 기업의 먹거리 산업을 견제하기 위한 대안적 농업회생운동이다(박미혜, 강이주, 2009).

로컬푸드 운동은 경제적, 생태적, 사회적 측면의 효과가 있다(박미혜, 강이주, 2009). 경제적 측면으로는 지역사회의 유지발전, 농민들의 안정적 생활, 지역경제의 다양화, 대안시장의 창조 등의 효과를 들 수 있다. 사회적 측면으로는 지역 내의 관계의 복원, 신뢰의 구축을 가져오는 효과를 누릴 수 있으며, 생태적 측면으로는 외부자원에 대한 의존 감소, 지역 내 자원에 대한 의존증대와 자원의 절약 등의 효과를 들 수 있다(윤병선, 2008; 박미혜, 강이주, 2009에서 재인용). 이는 소비자가 자신이 먹는 식품에 대한 원산지와 생산 방식에 대한 불안감을 해소하고, 복잡한 유통망으로 인한

[그림 9-7] 로컬푸드 운동-"부산우유" 광고

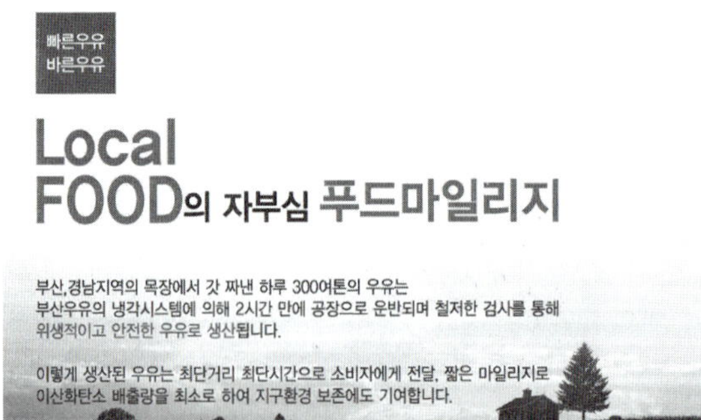

출처: 부산우유 홈페이지 https://www.busanmilk.com

유통 마진이라는 거품을 줄여 경제적 실익이 있고, 근거리 운송이라는 장점으로 인하여 원거리 수송과정에서 배출되는 이산화탄소를 줄임으로써, 환경을 보호하는 지속 가능한 생산과 소비를 할 수 있다는 특징이 있다(박미혜, 상이주, 2009에서 재인용).

[그림 9-7]은 로컬푸드 운동의 예로 부산우유의 광고를 살펴볼 수 있다. 광고에서 부산우유는 로컬푸드의 짧은 푸드 마일리지로 인해 소비자에게 최단거리, 최단시간에 우유를 제공할 뿐만 아니라, 이산화탄소 배출량을 최소화하여 지구환경에 보존에 기여하고 있다는 점을 강조한다.

4. 반소비주의 혹은 지속가능한 소비주의

반소비주의 혹은 지속가능한 소비주의는 환경에 오염을 일으키는 지속 불가능한 상품의 비구매, 재활용 또는 재사용 등의 환경 친화 소비 활동을 의미한다(박미혜, 강이주, 2009; 이영희, 2017). 전 세계적으로 환경에 대한 중요성이 강조되면서, 환경 친화 소비 활동 또는 지속가능한 소비생활에 대한 관심이 커지고 있고, 이는 환경 친화 소비 행동으로 연결되고 있다(이영희, 2017). 또한, 환경과 관련된 인증마크 사용, 다양한 환경 제도 등을 통하여 소비자들의 소비 행동과 연결되도록 정보를 제공하고 있으며(이영희, 2017), 기업들은 지속가능한 소비 활동에 동참하는 제품들을 선보이고 있다.

예를 들어, 롯데칠성음료의 아이시스 8.0 에코는 라벨을 없앤 페트병을 선보였고([그림 9-8] 참조), 롯데칠성음료의 칠성사이다([그림 9-9] 참조)와 코카콜라사의 스프라이트([그림 9-10] 참조)는 기존의 녹색 페트병에서 재활용의 효율성을 높인 투명한 페트병으로 바꾸어 제품을 출시하면서 친환경 소비에 앞장서는 모습을 보였다.

[그림 9-8] 지속가능한 소비-"아이시스 8.0 에코" 광고

출처: 롯데 공식 블로그 https://blog.lotte.co.kr/37267, https://www.youtube.com/watch?v=rUw-zP9OX1M

[그림 9-9] 지속가능한 소비-롯데칠성음료의 "칠성사이다" 광고

출처: https://www.youtube.com/watch?v=utYkojtFOWM

[그림 9-11]은 빙그레의 친환경 캠페인 '지구를 지켜 바나나'이다. 빙그레는 2020년 7월 24일부터 8월 7일까지 '단지 세탁소'를 열고, 재활용할 수 있는 용기들이 내용물에 오염되어 재활용률이 떨어진다는 데 착안하여, 바나나 우유병을 씻어서 분리 배출하도록 하는 친환경 메시지를 전달하고, 소비자들이 캠페인에 동참하도록 하였다.

[그림 9-10] 지속가능한 소비-"스프라이트" 광고

출처: https://www.youtube.com/watch?v=ybNFC-dNKU4

[그림 9-11] 지속가능한 소비-빙그레의 "지구를 지켜 바나나" 광고

출처: 빙그레 보도자료 http://www.bing.co.kr/newsroom/media_press/detail/1545

| 제 3 절 |

윤리적 소비에 영향을 미치는 요인

선행연구에 따르면, 소비자들은 일반 제품에 비해 윤리적 제품을 더 선호하는 경향이 있고, 제품을 선택하고 구매하는 데에 있어서 윤리성을 고려하는 경향을 보인다(이청림, 차문경, 2020). 하지만, 제품의 윤리성을 강조하는 것이 항상 소비자들의 긍정적인 반응을 유도하는 것은 아니다(White, MacDonnell, & Ellard, 2012). 따라서, 윤리적 소비를 하는 소비자들이 왜 윤리적 소비 행동을 하는지 알아보기 위해, 윤리적 소비에 영향을 미치는 요인에 대해 살펴볼 필요가 있다.

1. 이타주의

이타주의란 "친사회적인 행동의 한 유형으로써 타인의 이익을 위하여 보상에 대한 기대 없이 하는 자발적인 행동"으로 정의된다(Bar-Tal, 1976; 이영희, 2017에서 재인용, p.30). 또한, 자기의 개인적 이익보다는 타인이나 제3세계의 노동자나 사회적 약자의 복지에 관심을 갖는 것으로 정의되기도 한다(Huh & Kim, 2012).

이타주의 성향은 윤리적 소비의 가장 기본적인 결정 요인으로 작용하며, 이타주의가 윤리적인 소비 행동 의도에 영향을 미치는 주요 요인임이 증명되었다(김수희, 정민섭, 변정우, 2016; 오종철, 2014; 윤성준, 2016; 허은정, 2011; 허은정, 김우성, 2012). 따라서, 이타주의가 높은 소비자는 동일한 기능의 제품이라면 중소기업의 제품 또는 사회적 약자가 이윤을 얻을 수 있는 제품을 구매하려는 경향을 보인다(강윤지, 임수현, 김상훈, 2019).

앞에서 예로 든 [그림 9-6]의 엔제리너스 공정무역 커피 광고에서 사용된 “공정무역 커피로 사랑을 나누세요!” 또는 “고객님이 구매하는 콜롬비아 싱글 오리진은 전 세계 75개국, 160만 명의 개발도상국의 생산자와 노동자의 지속가능한 미래를 위한 글로벌 사회공헌 활동 기회를 만들어 줍니다”의 메시지는 소비자의 이타주의를 촉진하는 메시지로 볼 수 있다.

2. 지각된 소비자 효과성

지각된 소비자 효과성은 특정 제품에 대한 소비자의 주관적인 의견으로, 친환경 소비의 경우, 소비자의 친환경 제품 소비 행위가 환경 문제 해결 및 보호에 어느 정도 기여할 수 있을 것이라고 믿는 정도로 정의할 수 있다(강현경, 조혜경, 2021에서 재인용). 지각된 소비자 효과성은 소비자의 친환경 제품 구매 행동에 영향을 미치는 요인으로 작용한다(Peattie, 2001). 또한, 지각된 소비자 효과성은 윤리적 제품 구매 행동에 영향을 미치는 요인으로 작용함이 검증되었다(김수희, 정민섭, 변정우, 2016; 윤성준, 2016; 허은정, 2011; 허은정, 김우성, 2012).

이는 소비자가 윤리적인 또는 친환경적인 소비활동을 통해 사회적 변화를 가져올 수 있다는 메시지를 소비자들에게 전달하는 마케팅의 중요성을 시사한다(강윤지, 임수현, 김상훈, 2019; 윤성준, 2016).

3. 물질주의

물질주의란 일반적으로 “재화에 대한 강한 욕망 또는 정신보다 물질에 중요성을 부여하는 가치지향”을 나타낸다(Mukerji, 1983; 이영희, 2017에서 재인용, p. 31). 소비자의 윤리성은 물질주의 수준과 부적 상관관계가 있는 것으로 나타났다(이영희, 2017; 허은정, 김우성, 2012). 이는 소비자의 물질주의 수준이 높을수록 소비활동에서 비윤리적인 판단을 하게 되는 경향이 높아짐을 의미한다(Muncy & Eastman, 1998; 이영희, 2017에서 재인용).

4. 그 외 요인들: 윤리적 책임, 윤리적 이슈에 대한 관심, 윤리적 이슈와의 동일시

윤리적 책임이란 윤리적 소비자가 환경 보호에 대한 책임감과 공동체 의식을 가지는 것을 의미한다(박소진, 2019). 윤리적 책임은 윤리적 소비에 영향을 정적인 영향을 미치는 요인으로 작용한다(오종철, 2014).

윤리적 이슈에 대한 관심 또한 윤리적 소비에 영향을 미치는 요인으로 작용하는데(김수희, 정민섭, 변정우, 2016), 윤리적 소비자들은 윤리적 기업의 제품을 구매함으로써 자신의 윤리적 이슈에 대한 관심을 표현한다(박소진, 2019).

윤리적 이슈와의 자아동일시는 "윤리적 소비자들이 윤리적 이슈를 자신의 정체성을 구성하는 중요한 부분이라고 생각하는 것"을 의미한다(Shaw, Shiu, & Clarke, 2000; 박소진, 2019에서 재인용, p.33). 윤리적 이슈와의 자아동일시는 소비자들이 윤리적 제품에 대하여 더 많은 비용을 지불해야 함에도 불구하고 윤리적 제품을 구매하게 하는 요인으로 작용한다(박소진, 2019). 즉, 윤리적 이슈와의 자아동일시 정도가 낮은 소비자보다 높은 소비자가 윤리적 제품의 구매의도가 높은 것으로 나타났다(박소진, 2019).

참고문헌

강윤지, 임수현, 김상훈. (2019). 지각된 CSV 가치 수준과 윤리적 소비주의가 브랜드태도 및 구매의도 에 미치는 영향: 가치일치성의 매개 효과와 CSV 연계메시지에 의한 조절효과를 중심으로. 광고학연구, 30(5), 49-82.

강현경, 조혜경. (2021). 소비가치가 친환경 화장품 구매행동에 미치는 영향. 한국콘텐츠학회논문지, 21(2), 562-571.

김송이, 박명숙. (2011). 기혼여성의 윤리적 제품의 구매동기와 만족도에 관한 연구. 소비문화연구, 14(4), 95-117.

김수희, 정민섭, 변정우. (2016). 윤리적 소비성향과 호텔 공익 마케팅에 대한 고객 인식이 호텔 이미지 및 고객행동의도에 미치는 영향. 관광레저연구, 28(7), 149-167.

박미혜, 강이주. (2009). 윤리적 소비의 개념 및 실태에 대한 고찰. 한국생활과학회지, 18(5).

박소진. (2019). 윤리적 이슈-자아동일시가 윤리적 소비에 미치는 영향: 자기감시성의 조절효과. 마케팅관리연구, 24(1), 29-49.

오종철. (2014). 윤리적 제품 소비에 미치는 소비자 가치요인에 관한 연구: 제품신뢰의 조절효과를 중심으로. 기업경영연구, 21(2), 1-26.

윤병선. (2008). 로컬푸드 관점에서 본 농산가공산업의 활성화방안. 산업경제연구, 21(2), 501-522.

윤성준. (2016). 사회적 기업에 대한 인식, 윤리적 소비성향, 그리고 신뢰가 고객의 가치공동창출행동에 미치는 영향. 상품학연구, 34, 95-105.

이득연, 황미진 (2013). 생활협동조합을 통한 윤리적 소비 확산 방안 연구, 한국소비자원

이영희. (2017). 대학생 소비자의 개인적 특성 및 소비사회인식에 따른 윤리적 소비행동. Family and environment research, 55(1), 27-44.

이청림, 차문경. (2020). '윤리적 제품', 이름만으로 충분한가? 브랜드 명성과 지각된 윤리성의 정도가 소비자의 선택에 미치는 영향. 한국콘텐츠학회논문지, 20(3), 527-541.

정선미, 신현상. (2019). 한국 소비자의 공정무역 커피 가격프리미엄지불의사에 대한 연구. 사회적기업연구 (Social Enterprise Studies), 12(2).

천경희, 홍연금, 윤명애, 송인숙. (2010). 착한소비 윤리적 소비. 서울: 시그마프레스

허은정. (2011). 소비자의 윤리적 상품에 대한 태도 및 구매의도의 관련요인 분석. 소비자학연구, 22(2), 89-111.

허은정, 김우성. (2012). 소비자의 윤리적 소비행동과 관련요인 분석. 소비자학연구, 23(4), 105-130.

홍연금, 송인숙. (2008). 친환경농산물 소비자의 구매동기 분석을 통한 윤리적 소비 행동 사례연구. 소비문화연구, 11(3), 23-42.

홍연금, 송인숙. (2010). 우리나라 윤리적 소비자에 대한 사례연구. 소비문화연구, 13(2), 1-25.

Bar-Tal, D. (1976). *Prosocial behavior: Theory and research*.

Brinkmann, J. (2004). Looking at consumer behavior in a moral perspective. *Journal of Business Ethics*, 51(2), 129-141.

Crane, A., & Matten, D. (2004). Questioning the domain of the business ethics curriculum. *Journal of Business Ethics*, 54(4), 357-369.

Harrison, R., Newholm, T., & Shaw, D. (Eds.). (2005). *The ethical consumer*. Sage.

Huh, E. J., & Kim, W. S. (2012). Consumers' ethical consumption behavior and related factors. *Journal of Consumer Studies*, 23(4), 105-130.

Loureiro, M. L., & Lotade, J. (2005). Do fair trade and eco-labels in coffee wake up the consumer conscience?. *Ecological economics*, 53(1), 129-138.

Mukerji, C. (1983). *From graven images: Patterns of modern materialism*. Columbia University Press.

Muncy, J. A., & Eastman, J. K. (1998). Materialism and consumer ethics: An exploratory study. *Journal of Business Ethics*, 17(2), 137-145.

Nicholls, A. J. (2002). Strategic options in fair trade retailing. *International Journal of Retail & Distribution Management*.

Peattie, K. (2001). Golden goose or wild goose? The hunt for the green consumer. *Business Strategy and the Environment*, 10(4), 187-199.

Pelsmacker, P. D., Janssens, W., Sterckx, E., & Mielants, C. (2006). Fair trade beliefs, attitudes and buying behaviour of Belgian consumers. *International Journal of Nonprofit and Voluntary Sector Marketing*, 11(2), 125-138.

Shaw, D., & Clarke, I. (1999). Belief formation in ethical consumer groups: an exploratory study. *Marketing intelligence & planning*.

Shaw, D., Shiu, E., & Clarke, I. (2000). The contribution of ethical obligation and self-identity to the theory of planned behaviour: An exploration of ethical consumers. *Journal of marketing management*, 16(8), 879-894.

Trudel, R., & Cotte, J. (2009). Does it pay to be good?. *MIT Sloan Management Review*, 50(2), 61.

White, K., MacDonnell, R., & Ellard, J. H. (2012). Belief in a just world: Consumer intentions and behaviors toward ethical products. *Journal of Marketing*, 76(1), 103-118.

Chapter 10

지속가능한 소비를 위한 광고의 법적·윤리적 정책

| 제1절 |

'지속가능성'에 대한 논의

범세계적으로 국가별, 기업별로 '지속가능성'(sustainability)에 대한 논의가 뜨거우며 이것은 경제의 '지속가능한 발전'(sustainable development)을 위해서 국가와 기업이 감당해야 할 환경적 문제의 해결로 귀결된다. 물론 여기에는 소비자의 권리와 책임도 함께 포함된다.

'지속가능한 발전'이란 용어는 1987년 세계환경개발위원회(WCED)가 발표한 브룬트란트 보고서(Brundtland Report; Brundtland는 노르웨이 수상 이름)인 '우리 공동의 미래'(Our Common Future)에서 '미래 세대가 그들의 필요를 충족시킬 능력을 저해하지 않으면서 현재 세대의 필요를 충족시키는 발전'이라고 정의하면서 본격적으로 사용되었다. 이후, 1992년 브라질 리우데자네이루(Rio de Janeiro)에서 개최되었던 국제연합환경발전회의(UNCED; United Nations Conference on Environment & Development; 일명 Earth Summit)의 지구환경 문제 논의에서 '아젠다 21'(Agenda 21; 지속가능한 발전을 위한 국제 협력 계획)을 채택함으로써 본격화되었다. 아젠다 21은 본 회의의 이념이 담겨있는 리우선언(자연과 인간, 환경보전과 개발의 양립을 목표로 함)의 실천 계획을 명시한 것으로서 생태계 파괴, 빈곤퇴치, 폐기물 등 각종 환경 사안을 해결하기 위한 각국 정부 및 민간단체의 역할, 법과 제도의 정비, 기술 이전 및 재정지원 등을 다루고 있다.

이어 2000년 9월 뉴욕 국제연합 본부에서 개최된 밀레니엄 서밋(UN Millenium Summit)에서 '새천년발전목표'(Millennium Development Goals) 8가지가 수립되었는데 즉, ① 극심한 빈곤과 기아 퇴치, ② 초등교육의 완전보급, ③ 성평등 촉진과 여권 신장, ④ 유아 사망률 감소, ⑤ 임산부의 건강개선, ⑥ 에이즈와 말라리아 등의 질병과의 전쟁, ⑦ 환경 지속 가능성 보장, ⑧ 발전을 위한 전 세계적인 동반관계의 구축 등이다.

이와 같은 목표는 2015년 유엔총회에서 2030년까지 달성해야 하는 17개의 지속가능발전목표(Sustainable Development Goals; SDGs)로 세분되어 발전하였으며 그 내용은 다음과 같다. ① 빈곤 퇴치, ② 기아 종식, ③ 건강한 삶 보장 및 복지 증진, ④ 양질의 교육, ⑤ 성평등, ⑥ 깨끗한 물과 위생, ⑦ 적정하고 깨끗한 에너지, ⑧ 양질의 일자리와 경제성장, ⑨ 회복력 있는 인프라 구축 및 지속가능한 산업과 혁신 증진, ⑩ 불평등 완화, ⑪ 지속가능한 도시와 지역 공동체, ⑫ 책임 있는 소비와 생산, ⑬ 기후 변화 대응, ⑭ 해양 생태계, ⑮ 육상 생태계, ⑯ 평화와 정의를 위한 강력한 제도, ⑰ SDGs를 위한 글로벌 파트너십 등이다.

국내의 경우 정부는 2018년 이와 같은 17개의 목표를 국내 상황에 적합하게 조정하여 '국가 지속가능발전 목표'(K-SDGs)를 수립하였다. K-SDGs는 당초 2016년에 수립되었던 '제3차 지속가능발전 기본계획(2016~2035)'이 유엔 SDGs의 구성과 다르고 목표치가 제시되지 않은 점 등을 보완하여 변경 계획된 것이다. 구성과 목표치 설정 등 큰 틀에서는 유엔 SDGs를 따르되 우리나라 상황에 맞는 세부 목표를 재구성하는 방향으로 마련하였으며, '모두를 포용하는 지속가능국가'라는 비전 아래 모두가 사람답게 살 수 있는 포용사회 구현, 모든 세대가 누리는 깨끗한 환경 보전, 삶의 질을 향상시키는 경제성장, 인권보호와 남북평화구축, 지구촌협력 등 5대 전략과 17개 목표가 제시되었다. '제4차 지속가능발전 기본계획'은 2021~2040 기간의 지속가능발전 실행 계획을 담고 있으며 미래세대와 공존하는 지속가능한 발전을 위한 목표로 구성되어 있다.

| 제 2 절 |

지속가능한 소비의 의미

'지속가능한 소비'(sustainable consumption)의 의미는 그 방법론에 대한 논의로부터 도출된다. 인간의 필요를 충족시키기 위한 소비가 미래에도 지속될 수 있도록 현재의 필요를 충족시키는 소비는 어떻게 해야 하며 또한 미래를 위해서는 무엇을 어떻게 준비해야 하는가에 대한 논의이다. 이러한 지속가능한 소비를 위한 방법은 최근 크게 부각되고 있는 기업 경영의 지속가능성에 대한 논의, 즉 기업이 미래에도 경영 활동을 지속적으로 영위할 가능성을 높이기 위한 방법을 모색하는 것과 동일한 맥락에 놓여있다. 소비는 결국 기업의 생산 및 재생산 체제라는 순환경제 시스템의 한 파트를 담당하면서 기업 경영을 위한 다양한 환경적 요인들 중 중요한 부분을 차지하고 있기 때문이다. 따라서 기업의 이윤 창출을 위한 수많은 경영 활동이 미래에도 지속되게 하기 위해서는 소비의 지속가능성 또한 높아야 한다.

지속가능한 소비를 위한 실행 정책의 핵심은 '녹색 소비'에 있다. 즉, 환경친화적 소비이다. 그런데 이것은 비단 소비 단계에서의 방법만을 의미하는 것이 아니라 생산 단계에서부터 친환경 소재에 의한 제품 개발 및 설계에 의한 생산, 환경 보호적 소비, 재사용·재활용을 통한 폐기물 저감·관리 등 각 단계마다 자원 활용의 효율성을 높이고 환경적 부담을 줄임으로써 지속가능한 생산 및 소비 구조로 전환하려는 순환 경제 달성을 목표로 하는 소비를 의미한다.

유럽의 녹색소비를 위한 정책 수립의 배경은 EU집행위원회(European Commission)가 2020년 3월에 채택한 '신순환경제패키지'(New Circular Economy Action Plan for a cleaner and more competitive Europe; CEAP)에 기반한다. CEAP의 배경에는 2019년 12월에 발표한 유럽그린딜(European Green Deal)이 있었다. 이것은 EU 경제를 지속가능하게 만들고자 하는 로드맵으로서 EU집행위원회가 기후변화와 환경오염·파괴 등의 중대한 위기에 맞서 2050년까지 유럽 내 탄소배출 제로를 목표로 자원의 사용과 무관한 경제 성장이 필요하다고 역설하면서 제시한 청정에너지, 지속가능한 산업, 건축, 수송, 농식품, 생물다양성 등의 개별 분야별 정책 대응을 포함한 포괄적인 계획이다.

미국의 경우 2019년 '그린뉴딜 결의안'이 부결되었으나 2020년 대통령 선거에서 저탄소·친환경 정책을 내세운 조 바이든 당선인은 대선 당시 온실가스 감축, 친환경 인프라 투자, 녹색 일자리 창출 등의 기후변화 대응 계획을 담은 '그린뉴딜'(Green New Deal) 정책을 발표했다. 바이든은 취임 즉시 '파리기후협약' 가입, 바이 아메리카(Buy America; 미국 정부의 재정 지원을 받아 추진하는 공공 사업에 미국산 철강과 공산품만을 사용하도록 규정한 보호 무역주의 조항) 시행을 명령하였고, '탄소국경세' 시행을 예고했다.

위와 같은 국제 사회의 동향에 발맞추어 우리 정부는 '녹색성장위원회'(Green Growth Korea; 정부의 녹색성장 정책을 심의·조율하고, 사회 각계의 다양한 의견을 수렴하는 국무총리 소속 기구)의 주도로 1, 2차에 이은 제3차 녹색성장 5개년 계획(2019~2023)을 수립했다. 여기에는 온실가스 감축, 에너지 전환, 녹색기술·산업육성, 녹색국토·생활, 국제협력 등의 다섯 가지 정책 방향이 포함되어 있다.

위와 같은 범지구적인 그린 정책들은 모두 앞에서 살펴본 지구의 지속가능한 발전 정책과 연결선 상에 있으며 특히 지속가능한 소비를 달성하기 위한 소비자의 책임과 권리의 의미를 내포하고 있다. 따라서 국내의 지속가능한 발전 정책 및 그린뉴딜 관련 정책 내에서 소비와 관련된 정책들을 도출하여 그에 합당한 실천 방안을 모색하고 나아가 소비를 촉진시키는 실질적인 광고 규제 정책을 제안하고자 한다.

| 제 3 절 |

지속가능한 소비를 위한 광고 규제의 필요성

1. 지속가능한 소비를 위한 광고 규제 정책 수립의 의의

국제 사회에서 일어나고 있는 지속가능한 발전의 한 축으로서 지속가능한 소비를 달성하기 위해서 순환경제 시스템 속에서 생산자와 소비자를 연결하고 있는 광고의 역할은 그 어느 때보다 중요하다. 그런데 지속가능한 소비를 위한 광고가 지속되기 위해서는 현행 광고 규제만으로는 부족하다. 그렇다고 새로운 광고 관련 법률을 제정해야 된다는 뜻은 아니며 현행의 법률에서 보다 세부적인 시행 지침의 제정이 불가피하다는 의미이다. 그 예를 들면 다음과 같다.

최근 기업들은 광고에서 비재무적 경영 평가 지표인 ESG(환경·사회·지배구조; Environmental, Social and Governance)를 표방하면서 소비자의 호의적 이미지 형성에 주력하고 있다. 그 초점은 대체로 환경친화적 생산 시스템을 갖추고 환경보호를 위해 선두적인 역할을 한다는데 집중되고 있다. 이러한 광고에서 가장 우려되는 것은 기만광고이다.

표시·광고법 및 동법 시행령에 의하면 기만광고란 사실을 은폐하거나 축소하는 등의 방법으로 표시·광고하는 것을 말한다(표시·광고의 공정화에 관한 법률 제3조 제1항 제2호 및 동법 시행령 제3조 제2항). 실제로는 환경친화적으로 생산된 제품이 아님에도 불구하고 광고가 전하는 전체적인 주장 내용이 소비자로 하여금 환경친화적으로 인식하게 하거나 제품 생산 시 극히 일부분에서 환경친화적인 방법이 사용된 것임에도 불구하고 마치 제품 전체가 그렇게 생산된 것처럼 확대 해석하게 하는 광고도 기만광고에 포함된다. 기만광고는 그 행위가 사실을 '은폐', '축소' 또는 '누락' 등의 방법을 사용하기 때문에 겉으로 잘 드러나지 않는다. 따라서 기만광고는 표시·광고법 상 그 외 부당한 표시·광고인 거짓·과장, 부당한 비교 및 비방 광고 등에 비해 구별이 어렵다.

이러한 기만광고에 대해서는 현행 법률로도 어느 정도는 제재할 수 있을 것이다. 그러나, '환경친화적'이란 개념이 아직 불명확하고 이를 판단하는 구체적인 기준이 없기 때문에 정확하게 판단한다는 것은 매우 어렵다. 따라서, 법률 시행령에 근거한 시행 지침에 '지속가능한 발전'이라는 대 전제를 달성하기 위한 '지속가능한 소비를 위한 광고'의 범주를 별도로 제정하여 명확한 개념을 제시하고 제재할 필요가 있다.

최근 미국의 뉴욕시는 기후 위기에 대한 책임을 유기하고 소비자를 기만한다는 명목으로 미국 내 거대 석유기업인 엑슨모빌(XOM), 쉘(Shell), BP(미국 엑슨모빌에 이어 세계 2위의 석유 회사) 및 미국석유협회(API) 등을 상대로 주법원에 소송을 제기했다. 뉴욕시는 이들의 상품이 기후 변화에 미치는 영향을 소비자에게 제대로 알리지 않았다는 것과 자사의 이미지를 마치 친환경적으로 보이도록 이른바 '그린워싱'(Green Washing)을 자행해왔다고 주장했다. 그린워싱이란 실제로는 친환경적이지 않지만 마치 친환경적인 것처럼 표현하는 '위장환경주의'를 뜻하는 말로서 이러한 광고는 기만광고에 해당된다. 기만광고에는 기업이 상품 전 과정에서 발생하는 환경문제는 축소 또는 은폐하고 재활용이나 일부 과정만을 크게 부각해서 표현하는 것도 포함된다.

이와 같은 그린워싱 광고는 국제 사회에 불고 있는 기업과 소비자의 지속가능한 발전을 위한 소비 행렬을 기만적으로 이용하는 행위가 아닐 수 없다. 기업에 대한 호의적 이미지 제고를 위해서 환경친화적 기업 활동을 하는 것처럼 널리 광고하지만 실질적으로는 겉으로만 그럴 뿐 사실은 오히려 환경을 더 황폐화하는 행위인 것이다. 이러한 기만광고를 방지하기 위해서는 현행 규제만으로는 한계가 있고 보다 실질적인 보완책이 시급하다.

2. 지속가능한 소비를 위한 광고 규제 프레임의 배경

지속가능한 소비를 위한 광고가 지속되기 위해서는 지속가능한 발전이란 대전제를 달성할 수 있도록 하는 광고 규제의 새로운 프레임의 도입이 필요하다. 이 프레임은 국내 모든 부당한 표시·광고를 규제하는 일반법인 표시·광고법에 근거한 시행 지침으로 마련하는 것이 합리적이라고 본다. 국내 모든 표시·광고 관련 규제들은 기본적으로 표시·광고법을 준수해야 하기 때문에 표시·광고법의 범주 내에 마련한다면 모든 광고 관련 법률에도 영향을 주게 되어 당연히 준수하도록 할 수 있기 때문이다.

이를 위해서 공정거래위원회의 '소비자정책기본계획'에 나타난 소비 관련 계획을 통해 지속가능한 소비를 위한 광고 규제의 프레임을 추출하고자 한다. 공정거래위원회는 「소비자기본법」에 따라 소비자정책위원회의 심의·의결을 거쳐 소비자정책에 관한 기본계획을 3년마다 수립하는 바(「소비자기본법」 제21조 제1항 및 동법 시행령 제12조), 공정거래위원회의 '제5차 소비자정책기본계획'([표 10-1] 참조)을 프레임 설정에 활용하고자 한다. 또한 대통령 자문 기구인 '국가지속가능발전위원회'의 '제4차 지속가능발전기본계획'(K-SDGs; 2021~2040)에서 지속가능한 소비 정책과 접점을 이루는 내용([표 10-2] 참조)을 활용하고자 한다.

이 두 가지 계획을 통해 지속가능한 소비를 위한 광고를 영위할 수 있게 하기 위한 광고 규제 정책의 프레임을 제시하고자 한다. 다만, 국내에서 대통령의 한국판 뉴딜 발표 및 '2050 탄소중립' 선언(2020.10.28) 이후 「기후위기 대응을 위한 탈탄소사회 이행 기본법」(약칭, 그린뉴딜기본법) 등을 비롯하여 탄소·녹색전환을 위한 다수의 법안이 정부입법 또는 국회입법으로 발의되고 있는 점을 고려하면 이러한 법안의 내용도 앞으로의 광고 규제 정책을 위해 고려할 필요가 있으나 아직 제정 전이기 때문에 제외한다. 그러나 그린뉴딜기본법 등에 포함되는 소비 관련 정책들은 K-SDGs에도 중복되는 면이 있기에 어느 정도는 반영되리라 본다.

[표 10-1] 제5차 소비자정책기본계획(2021~2023)에 기반한 지속가능한 소비를 위한 광고규제 정책 프레임

비전	• 디지털 시대 새로운 소비자가 이끄는 공정한 시장경제		
기본 방향	• 디지털 시대를 주도하는 역량 있는 소비자로서의 위상 정립 • 안전하고 신뢰할 수 있는 공정한 시장 구현 • 과학적·협력적 소비자정책 추진 기반 강화		
5대 정책 목표	중점 과제	세부 과제	광고규제 정책 시사점
신뢰할 수 있는 거래환경 조성	온라인 플랫폼 등 비대면 거래에서의 소비자 피해 예방	전자상거래 소비자 권익 제고 및 신유형 소비자 이슈 대응	• 비대면 플랫폼 거래에서의 소비자 피해 예방 • 전자상거래·OTT·게임 등 거래에서 부당·불법행위 및 피해예방 강화
	소비자 데이터 주권 강화	데이터주권 강화 등 비대면 거래 소비자 권익 증진 기반 마련	• 개인정보 수집·이용 피해 방지를 위한 표준약관 정비 • 소비자의 개인정보 자기결정권 보장 확대 • 개인정보 이해력(Privacy Literacy) 제고를 위한 교육 강화
	소비자거래 시장 개선 및 법집행 강화	해외직구 등 국제 소비자 거래환경 개선	• 글로벌 온라인 거래에 대한 시장 환경 개선
		온라인·신유형표시·광고 감시 및 시정 강화	• 부당한 친환경성 표시·광고 감시 및 관리 강화 • 온라인 상 이용자 불편 광고 해소 • 국민 생활 밀접 분야 부당 표시·광고 모니터링 및 시정
		특수·할부 거래 분야 감시 및 소비자 피해 예방	광고 규제 유관성 무
	금융·디지털 등 취약 시장 분석 및 개선	국민 소비생활 조사 분석 및 증거(데이터) 기반 소비자 권익 제고	• 디지털 금융 광고 관련 중요표시·광고 규정 신설
		소비자 지향성 취약 시장의 소비자신뢰 확보	
	기업의 소비자 중심 경영 문화 확산	소비자 중심 경영 문화 확산	광고 규제 유관성 무
		소비자중심의 중소기업·소상공인 상생기반 구축	
디지털 전환기 소비자 역량 제고	소비자 교육 체계화 및 맞춤형 정보 제공 강화	학교 소비자 교육 등 전국민 소비자 교육 강화	광고 규제 유관성 무
		'소비자종합지원시스템' 운영 및 활용 강화	
		국민 체감형 소비자 정보 품질제고 및 제공 강화	
	디지털 역량 강화 및 정보 격차 해소	신기술·신서비스 디지털 활용 역량제고	광고 규제 유관성 무
		빅데이터 공유·개방 확대	
		디지털·금융 리터러시 격차 해소	

	지속가능한 소비생태계 구축	지속가능하고 책임 있는 소비·경영 문화 활성화	• 친환경 소비를 촉진시키기 위한 친환경 제품 정보 표시·광고 규정 강화
		자원순환 소비문화 촉진	• 자원순환 소비 촉진을 위한 표시·광고 규정 강화
국민체감 소비생활 안전 확보	소비생활 안전 취약 분야 대응 강화	신유형 안전 사각지대 해소	광고 규제 유관성 무
		안전 취약 계층 보호 인프라 확대	• 안전취약계층(어린이, 고령자, 장애인 등) 소비생활 안전을 위한 표시·광고 강화
		생활밀착형 제품·식의약품 및 시설·서비스 소비자안전 강화	• 국민 다소비 제품 표시·광고 규정 강화
	소비자위해 감시 및 대응·협력 강화	소비자 위해 감시 체계 고도화	• 소비자 고위험 제품 표시·광고 규정 강화
		소비자 위해 대응·협력 체계 강화	
	소비자안전 정보 공유를 통한 안전 기반 마련	소비자 중심적 리콜 실효성 강화	
		소비생활 분야별 건강·안전 정보 공유·활용 고도화	
공정하고 실효성 있는 분쟁해결	취약계층 접근성 개선 및 비대면 분쟁 해결 활성화	분쟁해결 접근성 개선	• 비대면 온라인광고 분쟁 해결 시스템 개선 및 취약계층 대상 특별 시스템 가동
		신속·공정한 분쟁해결	
	분쟁해결 전문성·실효성 강화	분쟁해결 품질 및 역량 제고	• 온라인 광고 분쟁해결 전문성 및 신속성 강화
		피해구제 및 분쟁해결 실효성 강화	
	소비자피해 조기대응 및 집단 분쟁 대응 강화	소비자피해 다발 분야 분쟁 예방 및 빅데이터 기반 조기 대응 강화	• 빅데이터를 활용한 광고 피해 조기 대응 체계 구축
		집단 소비자 피해구제의 실효성 제고	• 광고에 의한 집단적 피해구제, 단체소송 및 소송 지원 활성화를 통한 피해구제 실효성 제고
과학적·협력적 소비자 정책 추진 및 글로컬 협력체계 강화	과학적·협력적 소비자 정책 추진	데이터 기반 맞춤형 소비자 정책 추진 강화	• 데이터 기반 맞춤형 광고의 소비자 지향적 정책 강화
		지역 소비자 정책 기반 및 협력 강화	
	소비자지향적 법제 정비	법령·제도의 소비자 지향성 평가 및 소비자 지향적 개선	• 광고 관련 법률들에 대한 소비자 지향성 검토 및 보완
	글로벌 대응·협력 강화	글로벌 소비자 정책 협력 강화 및 전문성 제고	• 소비자 제품 안전을 위한 표시·광고 관련 글로벌 협력 강화
		국제거래 소비자 피해 구제 및 예방 강화	
		개도국 정책 지원 및 외국인 소비자 지원 강화	

[표 10-2] 제4차 지속가능기본발전계획(2021~2040)에 기반한 지속가능한 소비를 위한 광고규제 정책 프레임

〈목표 12〉 지속가능한 생산과 소비		
추진 전략	추진 과제	광고 규제 정책 시사점
재사용-재활용 확대를 통한 자원순환 촉진	• 자원순환사회 전환 촉진 기반 마련 • 자원의 재사용·재이용 촉진 • 산업계 자원생산성 향상기반 조성	• 자원 재사용 제품 표시·광고 규정 명확화 (특히 기만적인 표시·광고 심사 지침) •「중요한표시·광고사항고시」에 따른 품목별 규정 필요 • '환경친화적' 등 특정한 표시에 대한 개념 규정 명확화하여 가이드라인 제시 필요
자원의 선순환으로 지속가능한 순환경제 실현	• 재활용 촉진을 위한 배출·수거·선별체계 혁신 • 폐기물 직매립 제로화 및 처리 최적화	• 제품별 재활용 가능한 소재에 대해서는 '재활용 가능' 표시 의무화하여 소비자 인지 제고
음식물류 폐기물 감량을 위한 정책적 대안 모색	• 음식물 쓰레기 감량을 위한 RFID 보급 확대 및 홍보·교육 추진	• 식품류 포장 및 광고에 '음식물 쓰레기 감축 소비자 권고' 표시 의무화 규정
화학물질과 유해폐기물에 대한 촘촘한 관리체계 확립	• 취약부문과 사각지대 해소 • 유해화학물질 취급시설 폐쇄 및 폐기물업체에 대한 안전관리 • 유해화학물질 운반차량 안전관리	광고 규제 유관성 무
폐기물 발생 감소를 위한 생산과 소비 단계에서의 노력 확립	• 생산단계 폐기물 원천감량 촉진 • 자원순환성을 고려한 제품 설계 • 생활 속 폐기물 발생 억제	광고 규제 유관성 무
청정생산 및 환경경영 확산	• 중소·중견기업으로의 청정생산 및 환경경영 확산 • 국제환경규제 선제 대응 역량 강화	• 청정 생산 관련 광고 규정 명확화. '청정'의 개념 및 판단 기준 등
녹색 제품 인증 및 녹색 구매 확대를 통해 녹색 소비 촉진	• 공공분야 녹색구매 정책기반 강화 • 인증기업 및 재활용산업 대상 제도적 지원 강화	• '녹색 제품'의 법률적 개념 정의 확립 및 관련 표시·광고 규정 정립
전국민을 대상으로 한 사회 환경교육 강화	• 대상별 환경교육 다변화 • 환경교육 프로그램 발굴·지원 • 지역기반 환경교육 활성화 • 유아 환경교육 강화 • 청소년 환경교육 체험기회 확대	광고 규제 유관성 무
플라스틱의 선순환을 위한 세소·생산 및 재활용 관리강화	• 재활용이 쉬운 제품을 생산하도록 단계서 의무화 • 플라스틱 재활용 활성화 • 자원순환형 소재·디자인 개발 지원	• 제품별 재활용 가능한 소재에 대해서는 '재활용 가능' 표시 의무화하여 소비자 인지 제고
지속가능한 관광의 확대를 통한 환경보전 증진	• 환경과 지역을 지키는 지속가능한 관광 확대	• 관련 광고 시 환경보존 관련 표시 의무화
화석연료 보조금을 단계적으로 철폐	• 연탄사용 저소득층 직접지원 강화	광고 규제 유관성 무

| 제 4 절 |

지속가능한 소비를 위한 광고 규제 정책

1. 순환경제 실현을 위한 광고 규제의 방향

지속가능한 소비가 명확하게 무엇을 의미하는지는 아직도 논의되고 있으나 그 핵심 내용은 인류의 경제 시스템이 순환경제(circular economy)로 전환할 수 있도록 상품의 재료인 자원의 경제적 가치를 최대한 높은 수준으로 오래도록 보전하고 폐기물은 최소화하여 지속가능한 경제 발전을 도모하는데 있다. 이 과정에서 광고는 정부, 기업, 환경 그리고 소비자의 상생 발전을 이룩할 수 있도록 하모나이징(harmonizing)하는 역할을 담당한다.

기존의 선형경제, 즉 자원 채취, 상품 제조, 소비, 폐기 등으로 이어지는(linear economy; take-make-consume-throw away or take-make-dispose) 시스템에 의해서는 지구가 당면한 기후 위기, 자원의 고갈 등의 문제들을 해결하면서 발전하기 어렵기 때문에 공유(sharing), 임대(leasing), 재사용(reuse), 수선(repair), 리퍼비시(refurbishing), 재활용(recycling) 등의 방법으로 자원의 가치를 최대한 보전하면서 환경을 보호하여 지속가능한 발전을 꾀하고자 하는 것이다.

순환경제 실현을 위한 소비가 지속가능하기 위해서는 기업과 소비자 간의 커뮤니케이션 미디어인 광고에 대해 새로운 시각으로 접근할 필요가 있다. 광고는 단순히 기업이 생산한 제품의 브랜드 가치를 높이는 매개자 그 이상으로 사회적 책임을 가져야 한다는 의미이다. 이것은 순환경제 실현을 위해 갖는 소비자의 책임과도 관련이 있다. 그 한 예로서 '쓰레기 종량제'(정확한 정책명은 '쓰레기 수수료 종량제'이며 1995년 1월부터 시행)를 들 수 있다. 쓰레기 종량제는 쓰레기 발생량에 대해 배출자 부담의 원칙을 적용해 국민 전체를 대상으로 쓰레기에 대한 가격 개념을 도입한 제도로서 재활용 대상이 아님에도 종량제 봉투를 미사용하거나 종량제 봉투에 음식물과 일반 쓰레기를 혼합 배출하는 등의 쓰레기 무단 투기 행위 시 「폐기물관리법」에 따라 100만원 이하 과태료가 부과된다(제68조 제3항). 환경부에 의하면 쓰레기 종량제 10년(1995~2004년) 평가 결과, 1인당 1일 쓰레기 발생량은 94년 1.33kg에서 04년 1.03kg으로 감소했고 쓰레기 수집운반 비용 및 매립 비용은 약 6조 9,239억원 줄었다.

이처럼 소비자에게는 소비의 권리가 있지만 동시에 어떻게 소비해야 할 것인가에 대한 의무도 있듯이 광고에도 책임이 부여됨이 불가피하다. 이러한 맥락에서 앞에서 제안한 광고의 규제 정책의 프레임에 따라 표시·광고법을 중심으로 구체적인 규제 방향을 제시하면 다음과 같다.

2. 「환경 관련 표시·광고에 관한 심사지침」의 개선 방향

표시·광고법은 표시·광고의 부당성을 판단하여 제재하는 법률로서 부당한 표시·광고를 거짓·과장, 기만, 부당한 비교 및 비방 등의 네 가지 유형으로 분류하고 있다(표시·광고법 제3조 제1항). 「환경 관련 표시·광고에 관한 심사지침」(이하, 동지침)은 부당한 표시·광고를 심사함에 있어서 환경과 관련된 부당한 표시·광고에 관한 구체적 심사기준을 제시하는데 그 목적이 있다. 동지침은 1999년 6월 30일에 제정되어 같은 해 7월 1일부터 시행되었으며 2009년 8월 12일에 폐지되어 새롭게 제정되어 같은 해 8월 21일부터 시행된 후 현행에 이르기까지 네 차례 일부 개정되었다.

동지침에서는 '환경 관련 표시·광고'에 대해 사업자에 의해 공급되는 상품이 갖고 있다고 주장되는 환경적 속성 또는 효능에 관한 표시·광고라 정의하고 있다. 또한 '환경적 속성'을 상품의 라이프사이클 전체에서 오염물질이나 온실가스 등을 배출하는 정도 및 자원과 에너지를 소비하는 정도 등 환경에 미치는 영향력의 정도라고 규정한다. '라이프사이클'에 대해서는 상품 생산에 필요한 자연 자원의 추출, 생산, 유통, 사용 및 폐기에 이르기까지 계속적으로 이어지고 상호 연관된 제 단계로 정의하고 '친환경'은 같은 용도의 다른 제품에 비하여 환경적 속성 또는 효능을 개선한 제품이라고 정의한다. 그리고 '분해성'은 상품을 구성하는 한 종류의 물질에 대하여 특정한 조건이 주어질 경우 일정 시간 내에 일정한 한도로 두 가지 이상의 간단한 물질로 변화되는 성질이라고 규정하고 있다.

동지침은 부당한 표시·광고 중 환경과 관련된 주장에 대한 판단 기준을 제시하고 있는 것이기 때문에 만일 표시·광고에서 위 정의 내용과 다름에도 불구하고 해당 표현을 사용했다면 거짓·과장, 기만, 부당한 비교 또는 비방 광고에 해당된다. 예를 들어, 피심인의 건축자재단체품질인증(HB마크)제도가 건축자재의 라이프사이클 전 과정에 걸쳐 환경, 인체 및 건강에 미치는 영향을 평가하여 인증해주는 제도가 아님에도 불구하고, '친환경'이라는 표현문구를 사용하여 광고함으로써 마치 건축자재의 라이프사이클 전 과정에 걸쳐 환경, 인체 및 건강에 미치는 영향을 평가하여 인증해주는 제도인 것처럼 소비자를 속이거나 소비자로 하여금 잘못 알게 할 우려가 있는 행위를 함으로써 거짓·과장 광고로 판단되었다(공정거래위원회 의결 제2008-210호 2008. 7. 24.). 이와 같이 동지침은 표시·광고의 부당성을 판단함에 있어서 특히 환경관련 표시·광고에 대한 세부적인 지침인 것이다.

그런데, 앞의 용어 정의에서 알 수 있듯이 그 의미가 보다 명확히 규정될 필요가 있다. 우선 '환경' 자체에 대한 의미가 모호하다. 용어들의 정의를 종합해보면 '자연환경'을 함축하는 것이 분명하지만 '환경' 자체는 사회 환경, 유해 환경 등으로 폭넓은 의미를 지니고 있을 뿐만 아니라 상품 품목의 특성에 따라 그 의미하는 바가 차이가 있을 수 있기 때문이다. 특히 기업 PR 광고에서 '환경을 생각하는 기업'이라는 표현은 다양한 의미를 내포할 수 있다.

동지침의 'Ⅴ. 세부심사지침'에서는 특정 용어 및 표현에 대한 구체적인 부당 사례를 제시하고 있다. 즉, '천연', '자연' 등 인체·환경 유해성 물질의 함유·배출량 저감 관련 용어 및 표현, '재활용 물질 함유', '고효율' 등 자원·에너지 절약과 사용 저감 관련 용어 및 표현, '분리배출', '재활용 가능' 등의 폐기물 처리와 재활용 관련 용어 및 표현, 그리고 '친환경', '그린' 등의 포괄적인 속성과 효능 관련 용어 및 표현의 사용이다. 이러한 분류가 '재활용 가능'이 에너지 절약 및 재활용 관련 표현에 모두 해당될 수 있듯이 상호 완전히 배타적인 것은 아니어서 보다 명확한 구분의 기준이 요구된다. 또한 그 정도가 얼마일 때 해당 용어를 사용 또는 사용하지 못하는지에 대한 기준이 애매모호하다. 예를 들어, '재활용 가능'이라고 했을 때, 완전히 100% 재활용 가능할 때만 해당 표현을 사용할 수 있는 것인지 아니면 어느 정도 범위에서 가능한 것인지 또한 상품의 재료가 모두 다른 점을 고려하면 그 기준도 달라야 할 것이다.

표시·광고법은 국내 모든 표시·광고의 부당성을 가장 우선적으로 규제하는 법이라는 점에서 광고 관련 타 법률들에 영향을 미칠 수 있기 때문에 현재와 미래의 지속가능한 소비를 위한 광고의 발전을 위해서 위와 같은 동지침의 불명확한 용어 정의 및 판단 기준들은 개선이 시급하다고 하겠다. 그리고 이러한 개선이 실현되기 위해서는 정부의 각 부처의 협력이 필수적이다. 주무부처인 공정거래위원회를 비롯하여 한국소비자원, 환경부, 식품의약품안전처 등 유관 기관들의 협조가 필수적인 만큼 법 적용의 일관성 및 개선의 신속성을 이루기 위해서는 대 정부 과제를 수행한다는 자세로 대응해야 할 것이다.

3. 지속가능한 소비를 위한 광고 자율 규제 활성화

순환경제 시스템을 활성화하기 위해서는 소비자의 권리는 물론 책임도 요구되고 있듯이 광고 활동에도 책임을 부여할 수 있다. 다만, 법적 차원의 규제는 최소화하면서 가능한 자율 규제적 방향으로 발전시키는 것이 바람직하다.

앞에서 살펴본 '환경' 관련 표시·광고는 무수히 많은 서로 다른 사례들이 나타날 수 있다. 개념을 명확히 정의한다 하더라도 모든 표현들을 명확하게 규제할 수 있는 법률 규정은 불가능할 것이다. 따라서, 순환경제 시스템 달성을 위해 기업들의 소비자 지향적 패러다임을 강화하여 스스로 진실한 광고 집행을 하도록 독려하는 사회적 분위기를 형성해야 한다. 소비자도 순환경제 시스템의 한 부분을 구성하기 때문에 기업의 경영에도 영향을 준다는 사실을 각인시킬 필요가 있다. 그린워싱의 사건이 나타났을 때는 엄정하게 판결하고 이 사실을 소비자에게 인지시켜 해당 기업에 대한 경계심을 갖게 함으로써 공정한 시장 거래 질서를 이루게 해야 한다.

2008년에 정부에 의한 방송광고 사전 심의가 위헌 판결이 난 후, 의료광고, 건강기능식품광고에 이어 최근에는 의료기기광고에 대해서도 위헌 결정이 내려지면서 광고심의 체계가 민간 주도의 사전 자율 심의제로 전향하고 있다. 민간기구에 의한 자율심의이기는 하지만 그렇다고 해서 반드시 완화되었다고 할 수는 없으며 심의 규정은 더욱 강화된 측면이 있다. 중요한 것은 관련 업체들의 모임인 협회가 주도하면서 부당한 광고들을 자율적으로 정화할 수 있는 체제가 되었다는 사실이다. 이로 인해 보다 자유롭게 공정한 시장 거래 질서가 형성될 수 있을 것으로 판단된다.

보다 구체적인 광고 자율 규제 방안으로는 주류 광고에 건강 관련 '경고' 표시를 의무화하고 있듯이 환경에 유해한 상품 업종별로 해당 광고에 환경 보호를 촉진하는 취지의 경고 또는 권고 표시를 하도록 권장하는 것을 생각해볼 수 있다. 또한 국민 대다수가 일상적으로 사용하는 상품들의 광고에 재활용 및 폐기물 관리에 대한 인식을 제고할 수 있는 표시를 하는 것도 바람직할 것이다.

제 5 절

맺는 말

국제 사회에서 인류의 지속가능한 발전을 위한 논의가 활발하다. 국내에서도 국가 차원에서 지속가능발전위원회를 중심으로 미래에 대비하고 있다. 각 국가마다 그 목표와 세부적인 실행 방법에는 차이가 있을지라도 추구하는 목표는 동일하다. 즉, 지구에 닥친 기후 위기, 자원의 고갈 등으로 생산과 소비의 순환적 경제 체제를 통해 현재 세대의 필요와 충족은 물론 미래 세대의 필요와 충족을 달성하고자 하는 것이다.

이 과정에서 국가 정부, 기업 및 소비자는 상호 협력적 관계를 통해 목표 달성을 위한 권리와 책임을 동시에 가지면서 나아갈 필요가 있다. 광고의 경우도 예외가 아니다. 기업과 소비자를 이어주는 광고 커뮤니케이션 방식에도 새로운 책임 관련 원칙 적용이 불가피하다는 사실을 인정하여 지속가능한 소비를 위해 보다 실천적인 광고 규제 정책을 마련해야 한다.

참고문헌

지속가능포털. http://ncsd.go.kr/background?content=1

이나겸, 임수영. (2021). 산업분야에서의 ESG활용을 위한 기초적 연구 - 미국 시가총액 상위 5개 기업을 중심으로 -. 한국생태환경건축학회 논문집, 21(3), 83-88.

네이버 지식백과. https://terms.naver.com/entry.naver?docId=71048&cid=43667&categoryId=43667

지속가능포털. http://ncsd.go.kr/background?content=1

지속가능포털. '제4차 지속가능발전 기본계획(2021-2040)'. http://ncsd.go.kr/notice?post=2466

장보은. "지속가능한 소비와 소비사법 - EU에서의 순환경제에 관한 논의에 부쳐 -." 소비자법연구 6.3 (2020): 105-131.

배순영. "그린뉴딜 관련 입법안 동향 및 소비자정책에의 시사점." 소비자정책동향 110 (2021): 1-19.

문진영, 나승권, 오태현, 이성희, 김은미. (2020). 유럽 그린딜 관련 국제사회의 주요 이슈 및 시사점. [KIEP] 오늘의 세계경제, 20(08), 1-27.

녹색성장위원회. https://www.greengrowth.go.kr/menu001/sub002/GRG_001_202.do

표시·광고의 공정화에 관한 법률. https://www.law.go.kr/LSW/main.html

박소령. (2021). 美뉴욕시, 친환경인 척 '그린워싱' 일삼은 석유기업 상대로 소송. ChosunBiz (2021.4.23.). https://biz.chosun.com/site/data/html_dir/2021/04/23 /20 21042301726.html

황미진, 지광석, 허민영. (2021). 제5차 소비자정책 기본계획 수립 연구. 한국소비자원. https://www.kca.go.kr/home/sub.do?menukey=4083&mode=view&no=100 3130548&searchKeyword=%EC%A0%9C5%EC%B0%A8

지속가능포털. '제4차 지속가능발전 기본계획(2021-2040)'. http://ncsd.go.kr/notice?post=2466

장보은. "지속가능한 소비와 소비자법 - EU에서의 순환경제에 관한 논의에 부쳐 -."

소비자법연구 6.3 (2020): 105-131.

네이버 지식백과. https://terms.naver.com/entry.naver?docId=299649&cid=43665&categoryId=43665

네이버 지식백과. https://terms.naver.com/entry.naver?docId=299649&cid=43665&categoryId=43665

공정거래위원회. 의결서. https://www.ftc.go.kr/

찾아보기

ㅊ

ㅋ

ㅌ

ㅍ

ㅎ

기타

[저자소개]

강한나

e-mail: hannahkang@hnu.kr
소속기관/지위: 한남대학교 정치언론학과/조교수
주요 연구분야: 뉴미디어, 광고/홍보 메시지 효과, 헬스 커뮤니케이션

김현진

e-mail: blueviolet20@sookmyung.ac.kr
소속기관/지위: 숙명여대 미디어학 박사
주요 연구분야: 데이터 중심 콘텐츠 마케팅, 네트워크분석, 디지털 비즈니스, 데이터 활용 마케팅

민병운

e-mail: bwmin@sogang.ac.kr
소속기관/지위: 서강대학교 지식융합미디어학부/강사
주요 연구분야: 트렌드, 광고마케팅 전략, 글로벌 소비자 행동

박한나

e-mail: hannapark@sunmoon.ac.kr
소속기관/지위: 선문대학교 미디어커뮤니케이션학부 부교수
주요 연구분야: 사회 공헌 활동, 위기 관리, 비영리 조직 PR

서영택

e-mail: ytsuh1@naver.com
소속기관/지위: 한국방송광고진흥공사(KOBACO) 미디어다양성팀 차장(광고학 박사)
주요 연구분야: 공익광고, 사회(공공)마케팅, 기업PR 광고, 문화/미디어콘텐츠 다양성, 국제광고(중국매체 및 광고)

유창조

e-mail: yoo@dongguk.edu
소속기관/지위: 동국대학교 경영학과/교수
주요 연구분야: 소비자행동, 마케팅커뮤니케이션, 지속가능경영/ESG

이정규

e-mail: jgyulee@ssu.ac.kr
소속기관/지위: 숭실대학교 경영학부/조교수
주요 연구분야: 소비자 행동, 디지털 마케팅, 행동가격론

이희복
e-mail: boccaccio@daum.net
소속기관/지위: 상지대학교 미디어영상광고학과/교수
주요 연구분야: 광고홍보, 슬로건, 캠페인전략, 광고산업, 광고활용교육

조재영
e-mail: jyungcho@chungwoon.ac.kr
소속기관/지위: 청운대학교 광고홍보학과/교수
주요 연구분야: 광고 법제 및 윤리, 광고(문화) 산업, 광고 리터러시, 광고캠페인 이론 및 전략

최태량
e-mail: t.r.choi@tcu.edu
소속기관/지위: 텍사스 크리스천 대학교 전략 커뮤니케이션학과/조교수
주요 연구분야: 소비자 심리, 브랜드 커뮤니케이션, 뉴미디어

코로나19 이후 지속가능한 소비와 광고

초판 발행 2021년 12월 10일

지은이 강한나 · 김현진 · 민병운 · 박한나 · 서영택
유창조 · 이정규 · 이희복 · 조재영 · 최태량

펴낸이 김중용

총괄기획 박노일 · 최준규
편 집 심성보

펴낸곳 도서출판 **정독**

경기도 파주시 책향기로 441, 1004동 1004호(문발동, 책향기마을)
등록 제406-2014-000093호

전 화 070)7550-3758 팩 스 02)718-8554
홈페이지 www.jeongdok.co.kr 이메일 pnc@pncmedia.co.kr
ISBN 979-11-90899-97-0 93320

정 가 16,000원